星云说喻

丛书

持戒大自在

约束我们的身、口、意，
把握本我内心，一切自在无碍

星云大师 著

中華書局

图书在版编目(CIP)数据

持戒大自在/星云大师著. —北京:中华书局,2016.7
(星云说喻)
ISBN 978-7-101-11102-6

Ⅰ.持… Ⅱ.星… Ⅲ.佛教-人生哲学-通俗读物
Ⅳ.B948-49

中国版本图书馆 CIP 数据核字(2016)第 043551 号

书　　名	持戒大自在
著　　者	星云大师
丛 书 名	星云说喻
责任编辑	贾雪飞
出版发行	中华书局 (北京市丰台区太平桥西里 38 号　100073) http://www.zhbc.com.cn E-mail:zhbc@zhbc.com.cn
印　　刷	北京瑞古冠中印刷厂
版　　次	2016 年 7 月北京第 1 版 2016 年 7 月北京第 1 次印刷
规　　格	开本/889×1194 毫米　1/32 印张 7⅝　插页 8　字数 120 千字
印　　数	1-8000 册
国际书号	ISBN 978-7-101-11102-6
定　　价	38.00 元

星雲

星云大师传略

大师生于一九二七年，江苏江都人。幼年家贫，辍学，因父母忙于家务，随外祖母长居多时。后卢沟桥中日战起，父或因战火罹难，与母寻父途中，有缘于南京栖霞山礼志开上人披剃，实际祖庭为江苏宜兴大觉寺。

一九四九年至台湾，大师担任台湾佛教讲习会教务主任，并主编《人生》杂志。一九六七年于高雄开创佛光山，树立“以文化弘扬佛法，以教育培养人才，以慈善福利社会，以共修净化人心”之宗旨，致力推动“人间佛教”，并融古汇今，手订规章制度，印行《佛光山清规手册》，将佛教带上现代化的新里程。

大师出家七十余年，于全球创建二百余所寺院，十六所佛教学院，二十三所美术馆、图书馆、出版社、书局等，相继成立育幼院、佛光精舍、慈悲基金会，捐献佛光中小学和佛光医院数十所，从事急难救助，育幼养老，扶弱济贫事业。

一九七六年大师创办《佛光学报》，翌年成立“佛光大藏经编修委员会”，主持编纂《佛光大藏经》及《佛光大辞典》。一九八八年成立佛光山文教基金会，主要致力于举办学术会议，出版学术论文集、期刊等。一九九七年主持出版《中国佛教经典宝藏精选白话版》一百三十二册、《佛光大辞典》光盘版，设立“佛光卫星电视台”（后更名为“人间卫视”），并于台中协办广播电台。二〇〇〇年创办《人间福报》，是为第一份由佛教界发行的日报。

二〇〇一年，大师将发行二十余年的《普门》杂志转型为《普门学报》论文双月刊，收录海峡两岸有关佛学的硕、博士论文及世界各地汉文论文，辑成“法藏文库”《中国佛教学术论典》共一百一十册。二〇一三年，主持出版《世界佛教美术图说大辞典》二十卷册。二〇一四年主持出版《佛光大辞典》增订版、《献给旅行者365日——中华文化佛教宝典》以及《金玉满堂》人间佛教教材。

大师著作等身，撰有《释迦牟尼佛传》《佛教丛书》

《佛光教科书》《往事百语》《佛光祈愿文》《迷悟之间》《人间万事》《当代人心思潮》《人间佛教当代问题座谈会》《人间佛教系列》《人间佛教语录》《人间佛教论文集》《僧事百讲》《百年佛缘》等著作近百部，总计二千余万言，并被译成英、德、日、韩、西、葡等二十余种语言，流通世界各地。

大师教化弘广，有来自世界各地跟随出家之弟子两千余人，全球信众达数百万。大师一生弘扬人间佛教，对“欢喜与融合”“同体与共生”“尊重与包容”“平等与和平”“自然与生命”“圆满与自在”“公是与公非”“发心与发展”“自觉与行佛”等理念多所发扬。一九九一年成立国际佛光会，大师被推为世界总会会长，后于五大洲一百七十余个国家地区成立分会，成为全球华人最大的社团，实践“佛光普照三千界，法水长流五大洲”的理想。二〇〇三年，国际佛光会通过联合国审查，正式加入“联合国非政府组织”(NGO)。由于大师在文化、教育及关怀全人类之突出贡献，先后荣膺世界各大学颁赠荣誉博士学位多个，国际间获奖无数。

大师致力于中华文化复兴及两岸文化交流，成果斐然。二〇〇四年，大师应聘担任“中华文化复兴运动总会”宗教委员会主任委员，与基督教、天主教、道教等领袖，共同出席“和平音乐祈福大会”，促进宗教交流，发挥宗教净化社会人心之功用；先后与著名汉学家马悦然教授（斯德哥尔摩大学、诺贝尔文学奖终身评委）、罗多弼教授（斯德哥尔摩大学）、傅高义教授（哈佛大学）及诺贝尔文学奖得主莫言先生等人进行人文交流座谈。

近年，大师于江苏宜兴复兴祖庭大觉寺，并捐建中国书院博物馆、扬州鉴真图书馆、南京大学佛光楼，成立扬州讲坛、星云文化教育公益基金会等，积极推动文化教育，以期能促进两岸和谐发展，共创繁荣新局面。

大师一生弘扬人间佛教，对佛教制度化、现代化、人间化、国际化的发展，可说厥功至伟！

自序：我愿化作一点心光

古老的佛经，往往以譬喻的形式，巧妙地铺陈甚深的妙义，如《阿弥陀经》中，以宝池、楼阁等种种声光形色，或隐或现地引喻极乐世界的华丽和香洁。又如《普门品》以种种厄难为喻，为我们描绘观世音菩萨寻声救苦时，种种无畏的清净和慈悲。

佛经往往以譬喻为渡船，救人上岸；以譬喻为灯光，照破昏暗；以譬喻为井泉，赐人清凉。在繁忙紧凑的现代生活步调中，也许一则故事的引领，能破解你多年沉淀心头的世情公案，一两句法语可以激起你内在革新的力量，为身心加油，为生活助力。

当白日的喧嚣散去，夜半的一盏灯，一杯茶，一则说喻，化身为心灵知己，与你素面相见，叙谈友情、家庭、世情、人生。

《星云说喻》丛书共十册，是集我在电视台“星云说喻”栏目中所讲的古今中外近千则譬喻故事而成。我祈愿读者阅读这些譬喻，如山泉洗涤人间的尘垢，使人人心镜洁净，灵台清明；祈愿读者以廓然的风姿，行化于红尘俗世间，念念觉醒于声色幻影之不实，从而回头开垦一亩心田。

与众生携手，我愿奉献身心为炬，化作一点心光，纵使此身被烧烬成灰，也是心甘情愿。

中华书局简体字版《星云说喻》丛书付梓在即，我喜为之序。

星云

二〇一五年二月

目 录

真正的戒律

真正的戒律，是用于开发自我光明的本性，使我们身心得到安稳。

印度的波斯匿王有个妃子，人称末利夫人。她皈依佛教，并且受持五戒——不杀生、不偷盗、不邪淫、不妄语、不饮酒。由于她精进地修行，深受国王的喜爱和敬重，但是她不因此恃宠而骄，仍温和慈柔地对待下人。

有一次，波斯匿王征战归来，因为对御厨准备的饭菜不满意，大发雷霆，下令要处死御厨。御厨为了活命，托人向末利夫人求情。这天末利夫人刚好受持八关斋戒（一日一夜的出家生活，遵守为不杀、不盗、不淫、不妄语、不饮酒、不涂饰香鬘及歌舞观听、不眠坐高广大床、过午不食八戒），为了救御厨的命，她想到一个办法。

末利夫人穿上国王最喜欢的服饰，涂满脂粉香味，全身散发着华丽的光彩。她对国王说："大王，欢迎你回来，为了庆祝你凯旋，我陪你喝酒，并请歌舞助兴。”

波斯匿王说：“以前你严守戒律，一向都是清雅朴素的装扮，赐给你的珠宝，你也拿去救济贫苦的仆役，今天是你持八关斋戒的日子，为何身上缀满香鬘璎珞，甚至破戒陪我饮酒呢？”

末利夫人回答说：“为了迎接大王的归来，就为大王破一次例吧！我只有一个请求，好酒要有美膳相配，我要御厨亲手做我喜欢的菜色。”

波斯匿王一听，末利夫人最爱吃的菜，只有御厨有办法烹调，于是赶快派人快马加鞭到刑场，把御厨带回。波斯匿王终于体会到末利夫人是为了救人一命，才不惜犯戒破斋，对她的慈悲，不由得生起敬意，渐渐地自己也接触佛教，成为佛教的护法信徒。

戒，是用来防非止恶，防止我们做坏事。它就像登山者身上的救命绳索，行车时红灯警戒的标志，使我们身心得到安稳。末利夫人饮酒犯戒，是为了救御厨一命，出发点是清净慈悲，而不是贪图个人享乐。

戒，不要拘泥于戒相上，更不要用戒条去要求别人的言行作为。真正的戒律，是用于开发自我光明的本性，人格圆成的规矩。

戒香胜花香

最美的人，是能够驾驭情念的勇士。

一次，印度的波斯匿王得到一件贡品，是用上好沉香熏染的缨带，此香缨要送给王宫里最美丽的嫔妃。宫中的六万夫人，极尽严丽装饰，行列而出，每个人都期待自己能雀屏中选，披戴那条柔如云丝、香染十里的宝物。

六万夫人，个个花枝招展，艳光照人，波斯匿王一一检视，虽然每一个嫔妃，面如芙蓉，清丽无比，但是总觉得她们好像少了什么？波斯匿王面对万千佳丽，频频摇头叹息。他忽然想到，皇后末利夫人怎么未在行列中呢？他询问侍臣，侍臣答说，今日十五，适逢皇后受持佛之八戒，于宫内敛心素服，因此，未出宫迎接大王。

波斯匿王遣人前往内宫，迎请皇后。三次，末利夫人皆回复，今日持斋，不应外出。最后，波斯匿王迁怒侍臣，若皇后不出内宫，将斩杀无赦。末利夫人为了不殃及无辜，只好从命，她一身素净而出，在众人中明如日月，胜过平常的容貌万分。波斯匿王肃然崇敬，问说："为什么你今天异于平时之貌，亮如日月光照?"末利夫人答说："我自念少福，今生受此女形，情深爱执垢秽。又念人命短促，惧坠三途，因此月月奉持佛之八戒不懈，因持戒之福，感此今日炳然有异，割爱从道之净光。"

波斯匿王闻言欢喜，将香缨赐予末利夫人。她一再表示，持斋之日，不应着此香缨。末利夫人说："此世上稀有之宝物，应呈奉给人间至善至美的佛陀，方可匹配。"

波斯匿王把香缨供养给佛陀说："此香缨六万夫人莫不贪得，末利夫人持佛法斋戒，心无贪欲。唯愿世尊慈愍纳受。"佛陀说偈言：

> 世间男女多作宝花严饰，
> 衣冠绮丽，名香熏染，
> 不如广积德香，生处清净妙好。
> 世间百草芳华馥郁，
> 逆风不熏，香韵难传，唯有近道闻教，
> 长养慈悲喜舍的内德，

香遍十方，不散不坏。

德香虽然胜过世间杂华涂香，

但不如一日受持斋戒，洁净贪嗔，寂灭常乐，

此寂灭之戒香，远胜世间百花名香，人天福德之香。

世间的香味，大多掺杂情欲的染污，当我们赏花时，眼贪缤纷颜色，心着愉悦感受，花开花谢，牵动着我们忧苦喜乐的万端情绪，无法"如是"地彻见因缘法谛。

诸佛菩萨都是衣香华美、光云覆盖。他们炽如日光，炳然殊严，因为他们情态垢秽净除，身如琉璃水月，映澈河渠井泉。

末利夫人一身素服，胜过六万嫔妃的彩装。最美的人，是能够驾驭情念的勇士，以持戒的千华香洁，令人心意柔顺，如饮醍醐妙药，除愈生生世世的沉疴痼疾。

千年前的月光

心若着色相，就如同饿猫吞鼠，内在的功德智慧，必然被分食而尽。

月圆的夜晚，在精舍的露地上，佛陀对着比丘说一则“饿猫吞老鼠”的故事。

有一只猫，几天都找不到猎物，身体羸瘦，饥寒交迫。它走起路来，摇摆不定，走到一座土地公庙前，看到屋子里有个小洞，抱着一丝希望，等候老鼠出洞。到了深夜，终于皇天不负苦心“猫”，一只不知情的小老鼠从洞口出来，猫一张口就吞下小老鼠，心满意足地拍拍肚皮，躺下来睡个好觉。

小老鼠被吞到猫的肚子，找不到出口，情急之下，胡乱啃食猫的内脏。沉睡中的猫被痛得惊醒，也不知道是什么原因，迷茫地狂走，最后气绝身死。

诸位修行人，要以猫为警戒，入城市乞食时，眼不贪着男女形相，心若着色相，就如同饿猫吞鼠，内在的功德智慧，必然被分食而尽，最后善根和慧命决裂两断。

哲人已远，千年前的月光，至今光华依旧，佛陀的“饿猫吞鼠”故事，仍是锣鼓未休，翻唱着人间痴迷心事。我们的心像饥渴的饿猫，守候着欢场情爱，权位威势，千金田产……犹如吞下的小老鼠，暂时让你饱餐一顿，却使你迷闷狂走，不知东西。

佛陀分半座

唯有安于淡泊简朴，持守戒律的人，自然无欲则刚，才能坚忍地担负起重任，做一个心灵大富贵者。

佛陀的十大弟子当中，有一位大迦叶尊者，他已证得阿罗汉果位，他出身婆罗门贵族，是富可敌国大富豪尼拘卢陀竭波长者的独生子，他虽身在富裕的家庭，却不贪恋五欲的快乐。他四处访师求道，但诸师所说的道理，却无法满足他的愿望。于是他自负地以为，即使没有遇到老师，依他的慧解，也能修证到二乘独觉的果位。

不久，他在鸳伽国的地方，听闻到释迦牟尼佛是当今的觉者，便带领着千余位的弟子到竹林精舍去亲近佛陀。

大迦叶到了王舍城，多次跟随佛陀闻法，心里还未完全信服，不肯心甘情愿地做佛陀的弟子。有一天，他听完佛陀说法后，在回城的路上，看见佛陀在一棵大树下敛目盘坐着，大迦叶感到非常奇怪，临走时，佛陀还端坐在竹林精舍的座上，现在为何在此地与佛陀相逢呢？

当大迦叶继续端详着佛陀宁静怡然的面容时，心里的狐疑逐渐消退而去，仿佛有一股强大的力量摄伏着他，他情不自禁地跪在佛陀座下说："佛陀！大迦叶愿意跟随您，做您的弟子。"佛陀说道："大迦叶！我等你很久了，在这个世界上如果没有证得正觉的人，他若收你为徒，头颅必将破裂七分，唯有大彻大悟的佛陀，才堪当你的老师。"

大迦叶在竹林精舍剃度后，听闻佛陀四谛十二因缘的妙法，就像枯干的心田，适逢滂沱的豪雨一般。第八日，他就开悟了。

开悟的大迦叶，一向以头陀苦行自居，他总是住在深山丛林，或是白骨零散的墓间，任何人的劝说，都阻止不了他的修行。有一天佛陀不忍心他带着衰老之躯，还在冢墓之中风餐露宿，劝他中止苦行。

佛陀在鹿母讲堂召见大迦叶，他身着破衲衣，蹒跚地走来。佛陀慈蔼地招呼说："大迦叶！你来，我留了半座给你。"佛陀分出半座给弟子，如此的殊荣只有大迦叶才享有。佛法贵在实践，大迦叶的苦修、苦行、苦学，才能传承佛法，住持传灯续法的大任。

阿罗汉给一般人的印象，如同枯木寒岩的冷峻，对于人间没有一点人情，其实不然，像大迦叶到了佛陀的正法僧团，渴饮到生命的甘露后，并没有忘记十二年来的妻子妙贤，他请人把妙贤接来，由于妙贤生得美丽，托钵时，又成为人们捏造是非的材料，只得停止托钵，远离大众。大迦叶同情妙贤，求得佛陀的允许，每天将自己乞回来的饭食分一半给她。他已从人间情欲的泥沼中，绽放清净慈悲的香莲，这种清澈晶莹的情爱，没有贪求的狂风暴雨，像高山里的明潭，映着天光云影。

大迦叶尊者一生多彩多姿，闻法第八日开悟，甘心于山林冢间餐风露宿，以法自娱。灵山会上，一千二百五十名弟子茫然无知，唯有大迦叶微笑，悟解佛陀涅槃妙心，佛陀灭度后的九十日，他召集五百罗汉结集三藏圣典，阿难陀诵经，优波离诵律，富楼那诵出论议，令佛陀的法音，遍流三千世界，无量无边的众生，离苦得乐。

唯有安于淡泊简朴，持守戒律的人，自然无欲则刚，才能坚忍地担负起重任，做一个心灵大富贵者。大迦叶尊者这段“拈花微笑”的故事，不是浪漫的传说，而是从苦修苦行、思维生命苦空无常的法义中得来的。山河大地，处处向吾人拈花示现，可惜终日追逐于春风蝶舞的人们，只看到爱憎怨亲，看不到一朵金色莲花大如车轮，香气扑人！

佛陀的眼泪

要打倒一个团体，只要紊乱他们行事的秩序即可奏效。

在传教的生涯里，佛陀受到很多外道群魔的迫害，然而每次的中伤与迫害，反而助长佛陀的威德与佛法的宣扬。

有一次佛陀正要说法时，魔王带领着魔子魔孙和他斗法。魔王说："释迦牟尼，我要派人用木棍刀叉扰乱你的教团。"佛陀回答："你用木棍刀叉伤害我们的身体，动摇不了大众对法的坚固信念。"魔王又说："我到处散播你的谣言，使你名誉受损，让人们远离你。"佛陀微笑说："批评毁谤的语言伤害不了一个圣者，圣者就像廓然的虚空，那些污蔑的言语，就像对天射箭，还堕于地。"

不论魔王使尽任何伤害的手段，佛陀都以微笑作答。魔王最后阴险地说："那么，我叫我的魔子魔孙来出家，做你的徒弟，穿你的衣服，吃你的饭，做违背律法、败坏佛教的事。”佛陀听到魔王得意的狂笑，黯然地流下眼泪，喃喃自语说：“狮子身上虫，反食狮子肉。”

外来的迫害打倒不了一个团体，但是内部阶层人员理念的分歧，步调无法达成一致，就像双头马车，各行其道，最后避免不了分崩离析。要打倒一个团体，不是用刀枪棒杆，只要紊乱他们行事的秩序即可奏效。

佛教以“六和敬”来架构人我和谐之道。身和敬，视他人如佛一般，身行礼敬之意。口和敬，以五戒十善，四圣谛、八正道等法，规范身心，慈愍仁和。见和敬，同证佛所说之缘起法，以法乐为乐，彼此知见一致，心意契合。利和敬，衣食及所有利益，不据私有，不分阶级，平等共享。“六和敬”使一个团体，即使人员庞杂，也能脚步一致，彼此水乳交融，没有嫌隙。

魔王的诡计能使至尊的佛陀黯然垂泪，是因为佛陀知道众生爱习深重，凡事执著有我，造成彼此相互噉食践踏，宛如血肉丛林。

千年前，佛陀的眼泪就昭示我们：自律敬人，和爱众生，不让魔王诡计得逞，使世界毁坏，争斗迭起。

供养烧饼的女孩

随处给人欢喜，随时给人信心，随手给人服务，随缘给人方便。

佛陀僧团里，出家人必须每天出外托钵乞食，表示上乞佛道，下化众生之意。有一天，一群比丘托钵到一户人家，恰好主人的女儿即将订婚，准备了很多的烧饼，要送去给亲家。这位待嫁的少女，看到出家人，内心充满欢喜，就把烧饼全部供养了比丘。

少女做的烧饼十分可口，吃过烧饼的比丘，回去告诉其他的人，于是一连三天，吸引了更多的比丘上门来托钵，善良的少女看到比丘们欢喜她做的烧饼，更是毫不吝惜地普同供养。男方的父母等了三天，没有收到定亲的礼饼，对于女方不守信用，感到气愤，坚决解除婚约。

当时的印度社会，一个女孩子给人退婚了，不只是个人名节上的污点，而且再也不会有人愿意娶她。情急之下，她的父母只好带着女儿来请求佛陀：“我的女儿为了供养烧饼给比丘，结果男方责怪我们不守信用，我的女儿遭受被解除婚约的不幸命运。”佛陀听到这一番话后，安慰她的父母，允诺一定会亲自向男方说明原委，让有情人终成眷属。这一家人才欢天喜地地回家。

晚上，佛陀召集所有比丘，呵斥他们：“托钵乞食，必须遵守次第乞食的规矩，不可以成群结队向固定的斋主化缘，增加他们的经济负担，也不可以因为食物的美味与否，心生拣择分别。托钵，是为自己化去贪、嗔、痴、慢的恶念，与斋主结下欢喜的菩提缘呀！为了你们贪吃烧饼的缘故，让一位少女失去终身的依靠，你们要发起惭愧心，思维自己内心的污浊！”

化缘，不苦不恼，不怨不悔，彼此自在欢喜。人间的佛陀，昭示我们修行的原则，发起惭愧心，思维自己内心的污浊。惭，于己有所不知，有所不净；愧，于他有所侵害，有所亏损。惭愧，是无上庄严美服，令我们身心炳然如烛；惭愧，是人间珍馐百味，令我们内外色泽光润。

结缘如空山一行惊鸿，如幽谷一涧溪唱，拨动着灵魂的旋律。随处给人欢喜，随时给人信心，随手给人服务，随缘给人方便。也许，人复东西，各有山水之路，但是，曾经结下的缘分，绕梁于记忆深处，悠悠地吟唱。

因缘果报

因果不是宗教教化的戒条，是人人心中的一把尺。

目犍连是佛陀的大弟子，他具有神通，不但可以看到快乐的天堂，也能看到地狱受苦的景象。有一天深夜，目犍连正在静坐时，一阵阴风吹来，一个愁眉苦脸的鬼来向目犍连请教："尊者，我已经做鬼了，已经失去人间财色种种的享乐，为什么还要受头痛的报应，我连做鬼都不得安宁吗？"这个鬼向目犍连提出不平的申诉。

目犍连尊者回答说："你无须不平，你会头痛，不是阎罗王的惩罚，是你自己造成的。你生前不肯和人互助合作，随缘随喜的助人一臂之力，常常让别人伤透脑筋，常常一桩好事都因为你的破坏，不能顺利成功，因此你做鬼，让你也尝尝头痛的滋味。"

不一会儿来了另一个鬼，满脸羞愧，全身颤抖，啜泣地说："尊者啊！我是个无福的鬼，为什么连一件可以遮身避寒的衣物也没有?”尊者安慰鬼说:“你无衣可遮身避寒,不要怨天尤人,你生前囤积布匹衣料,只想贪得暴利,不顾念他人的寒冷之苦,今日的无衣蔽身,是你应得的果报。”

另一个瘦骨嶙峋的鬼虚弱地问尊者说:“为什么我常常饿肚子,找不到食物呢?”尊者说:“你生前对部属的粮食斤斤计较,不肯给人饱足无忧;对于饲养的动物,也没有怜愍之心,常常让它们感到饥饿。由于你的悭吝不舍,因此得到饿鬼的报应。”

最后,来了一个衣衫褴褛,蓬头垢面的鬼,他说:“我是个流浪的鬼,连个安身的住处也没有,忍受着日晒夜寒的凄苦,像个无壳的蜗牛,无依无靠。”尊者回答:“你过去为人建筑房屋,贪图暴利,随意偷工减料,让住的人,常常需要维修房子,身心不得安稳。你必须体会无屋可住的痛苦,借此偿还你造下的恶业。”

静静的夜,星光点点,神通第一的目犍连为幽冥的众生,解开他们心里的疑惑,娓娓细说人世间因果轮回的故事。

因缘果报,平常我们感觉不到它的重要,但是它像空气围绕人们身旁,充满整个宇宙,无处不在。当我们遭遇痛苦时，总是疑惑为什么是我？甚至产生怨恨的情绪，对自己不幸的命运，提出不平之鸣。“早知今日，又何必当初。”今日的种种不如意，并非平地风波，而是当初所作所为造成的，有因有果，即使你否认它的存在，因果还是公平地执行，人间善恶的赏罚，合计你我福慧的数量，它就像个显示器，如实地播放，毫厘不爽。

无衣遮身，无处栖息，无食餐饮，这些苦报，来自自己所行不端、滋长贪嗔愚痴的习性，是恼害众生的报应。因果像一部准确的计算器，计算着我们今生来生的苦乐悲喜、穷通祸福。

因果不是宗教教化的戒条，是人人心中的一把尺，度量着自己一生的命运，刻画着人世间善恶的长短，也为你我量身定做一个未来的我。

秩序

人类的生活有了伦理，像房子有了坚固的梁木，就不会倒塌倾斜。

释迦牟尼佛的大弟子舍利弗，是僧团的长老比丘，地位非常崇高，佛陀在处理僧团事务时，都会征询他的意见，也常常派他代表佛陀向信徒说法。有一次，来了一群远方的新学比丘，在精舍安单休息。

深夜时，佛陀走到屋外经行散步，看到舍利弗坐在树下。佛陀上前问说："舍利弗，夜深了，怎么不回寮休息呢?"舍利弗回答："佛陀，今天人多，床铺都睡满了，没有多余的床位，我就在树下坐一坐，一夜很快就过去了。"佛陀对于舍利弗淡然无争的性格，感动又欣慰，但是对新学比丘争抢床位，不知礼让长老的态度，觉得需要教育。

第二天清晨，佛陀集合大众开示："眼中要有长老前辈，心里要存恭敬尊重，不可只想到要占有好的床位，完全不顾念到长老师兄。一个没有伦理次序正见的人，就像车轮少了一边的车辆，会失去平衡依靠，不可能到达目的地。依长老善知识所教，能得到智慧开展的功德，并且降伏傲慢的习性，像黑夜在茫茫大海中航行的舟船，有了明灯的指引，可以使我们平安到达彼岸。”

伦理，就像建筑施工时，必须有前后次第，像煮菜宴客时，有上菜的顺序、客人座位的安排。家庭有亲子的伦理，工作有上下的伦理，朋友有交往的伦理，乃至万物万事都有伦理次序。

大自然有了伦理次序，百花依循节气开放，如此才能繁而不乱。人类的生活有了伦理，像房子有了坚固的梁木，就不会倒塌倾斜。在人生的旅途上，尊重伦理会得到贵人的相助，多一分助力，少一分阻力。

两套袈裟

佛心，慈悲圆融；佛戒，开阔自在。

在原始佛教的时代，每一个出家人只准许有一套袈裟，分三件：五衣（工作劳动服）、七衣（僧团里课诵法会服）、九衣（外出应供服）。佛陀希望修道人，减少物累的牵绊，过着清贫淡泊的生活。

有一天，佛陀叫弟子阿那律到其他教团的分部，去了解他们修行有什么障碍、身心是否都能安住在道上。阿那律听到佛陀的指示，却抗命说："弟子不愿意。"佛陀很讶异，平日持戒守道，心意已臻调柔的大弟子，应该不会畏惧千里跋涉的辛苦，他温和地问："阿那律，你为什么不去呢？你有什么困难吗？"阿那律说："佛陀，现在是雨季，天气不稳定，出门难免淋到雨，我们只有一件袈裟，淋雨以后又不得更换，湿衣服穿在身上很难受，又容易感染风寒生病。您要我到远地去视察，来回要好几天，我觉得不方便。”佛陀一听，马上决定说：“阿那律，你说得对，以后每一个出家人都可以拥有两套袈裟，替换使用，减少生活的不便。”

佛陀的制律，不是一成不变的，他因时、因地、因人，因种种因缘，善巧方便地修正戒条。然而，后人却往往抱残守缺，打着“佛已制戒，不可更改，佛未制戒，不可增添”的旗帜，曲解佛制的本意。戒条原是使我们修行时，心无旁骛地办道的准则依据，而不是将戒条变成手脚的枷锁，使我们失去行动的自由。

法律的条文，因为社会形态的改变，也要适时增添删略。我们从佛陀改变初衷，重新制定“两套袈裟”的事例来看，佛陀是很慈悲、圆融的，他不被戒相所捆绑，而是从戒体的开阔性，做适时的更改。

佛心，慈悲圆融；佛戒，开阔自在。佛制的戒律，在传教的过程中，受着不同国家文化的激荡，或多或少会有一些改变。戒律，就像登山的梯子，帮助我们更上层楼，何必在梯子的尺寸、材料、格式上，处处计较是否合乎佛制。聪明的人要的是一座稳固的梯子，让他可以眺望生命高峰的胜境，反观愚痴的人，却天天拿着尺，四处寻找“标准尺寸”的梯子。

洗脚的木盆

妄言说谎，得不到别人的珍惜，也不再有人尊敬你、在乎你。

罗睺罗是释迦牟尼佛未出家前所生的儿子。后来佛陀出家修道，在悟道的那一年，小小年纪的罗睺罗也跟着出家做沙弥，礼拜舍利弗尊者做师父。十多岁的小孩，仍保有孩子嬉闹的习性，不是短时间可以改正的。罗睺罗身处这样威严肃静的环境，没有什么游乐和玩具可以满足他，于是他为自己设计了一种好玩的游戏。

“请问佛陀在哪里？”每当有人向罗睺罗询问佛陀的去处时，他总是向来访的客人开玩笑，佛陀明明在林下经行，他偏说佛陀在水边静坐；佛陀在精舍为弟子们开示，他指着远处，说佛陀到某地弘法。看着来访的人奔东往西的找佛陀，罗睺罗开心地嘲笑别人的愚笨。

佛陀知道罗睺罗说谎的行为之后，想到一个办法来教育他。有一天佛陀要他拿盆净水，给佛陀洗脚。洗完脚以后，佛陀就对罗睺罗说："你把这盆水喝下去。"罗睺罗说："洗脚的水很脏，不能给人饮用。"佛陀说："罗睺罗，你说的话就像这一盆脏水，别人无法入耳。"罗睺罗很害怕，急忙地把盆里的水倒掉。佛陀又对他说："拿这个盆子去盛饭吃吧！"罗睺罗委屈地说："洗脚的盆子很脏，不能装干净的食物。"佛陀说："罗睺罗，你就像这个脏的盆子，善美的佛法不能装进你的内心。"罗睺罗感到无比的羞愧。

佛陀对着地上的盆子，用脚一踢，盆子随处滚动。佛陀问："罗睺罗，你会可惜这个盆子破裂吗？"罗睺罗说："佛陀，这个洗脚的木盆子是很低贱的东西，不值多少钱，踢坏了也没有关系！"佛陀说："你就像这个贱盆，妄言说谎，得不到别人的珍惜，也不再有人尊敬你、在乎你。"罗睺罗听完佛陀的话，号啕大哭，从此不再说谎，专心修道，不久就成为密行第一的证果大阿罗汉。

在孩子的人格养成期间，如果没有得到适当的教育，长大以后，说谎的习惯可能演变为诈欺、骗取别人财物的罪犯。佛陀教育罗睺罗，没有棒喝打骂，只是用木盆作譬喻，耐心地和孩子一再说明道理，让孩子重视自我的尊严，启发孩子光明的本性。

说谎的罗睺罗，经过佛陀的感化，成为神通的阿罗汉。千年前，佛陀已为我们做了一次完美的亲子教育示范，值得现代父母参考。

美女与野兽

在情欲的洪流中，要找到自我安住的舟航。

佛陀在世的时候，有一个婆罗门前后生下两个女儿，两人都长得端庄姝美，举世无双。他感到无比的荣耀，于是四处张贴告示，只要有人能说出他的女儿有什么丑陋的地方，他就悬赏对方一百两黄金。

全国的百姓，奔走相告赏金的大好消息。但是每个人看到婆罗门这对女儿，肤如凝脂，目净绀青，粉靥纤腰，衣裳高贵，谈吐高雅，宛如一对璧玉，都觉得无可挑剔。

九十日内，竟没有一个人能说出她们丑陋之处。婆罗门更是自满意得，准备要带着美若天仙的女儿拜会佛陀，看看那些出家的比丘们，又有多少定力，面对他女儿的美貌能不动心？

婆罗门带着美貌的女儿来到佛陀的精舍，众弟子们见此美色，有的交相称叹，有的贪恋不舍。婆罗门用着挑战的口吻说："佛陀，您看看我的女儿，有什么地方长得丑陋呢？"佛陀回答说："你的女儿，十分丑陋，我看不到有什么美好之处。"婆罗门闻语，羞愤交集，不明白佛陀为什么出此话语。一旁的阿难为了缓和气氛，站起来向佛陀问说："佛陀，她们如此美丽，为什么说她们丑陋呢？"佛陀微笑的说："所谓的美好，是一个人眼不贪色，耳不贪声，鼻不贪香，舌不贪味，身不着细滑，这才是真正美好庄严的人。手不盗他财是好手，言不伤人是好口，足不履非法是好足。世间的脂粉佳人，身内身外，昼夜九孔恶浊淌流不已，有何美好？唯有六根清净之人，戒德馨香，令远近芬芳，得护法常相左右，六时吉祥无难。"

美女，令人动心，萦怀难忘。佛教不是压抑情欲论者，佛陀是个透视情欲，正观情欲，教诫众生在情欲的洪流中，要找到自我安住的舟航。佛陀在世的时候，有人对年轻的出家人，能持清白戒行，不能信受。佛陀回答怀疑的群众说："凡夫看到的是男女形色，可爱细滑，名香涂身，而修行的人，看到的是血肉杂陈，九孔常流不净之身。试问，有人会去拥抱一具臭秽皮囊吗？有人会去爱抚满堆森森白骨吗?”

孔子说:“吾未见好德如好色者。”我们应该转耽溺美色的兽性为道德升华的灵性,自可享受一蓑烟雨悠然自得的人生。

灵与肉

自己先放下内心的刀光剑影，否则缘木求鱼，心外找心，离道愈远。

有一天，佛陀召集比丘们，问说：“你们修行身心安稳否？在踏入修道的战场前，你们可知道敌人怨家有什么兵马车队，有什么刀剑武器？如果你们对他们不了解，就难以有胜算的把握。

“我有七个对付怨家的利器，你们必须具备，了解他们性格的弱点，才能知己知彼、屡战屡胜。

“一、不让怨家得到好色。他喜好沐浴，名香涂身，使你身着细滑欲乐，心住嗔恚，使你善法不生。

“二、不让怨家享有安稳睡眠。他昼夜卧床，精进心劣，虽然枕覆锦绮，然而忧苦不舍，使你福慧丧尽。

“三、不让怨家获得大利。他爱和众生斗争违逆，贪图非法的财利，心如狂象无钩，狂奔不已，践踏你菩提的稼苗。

“四、不让怨家结交朋党。他喜欢和贪欲、嗔恚、愚痴、嫉妒、傲慢、邪见往来聚集，这些朋党就像成群的狼犬，它们的利齿将把你的功德法藏啃食无存。

“五、不让怨家有好称誉。他素行不端，如果周闻诸方，即是恶名丑声，清净的道侣将一一离你远去，你将如盲人行路，失去善知识的引导。

“六、不让怨家有大财富。他贪婪成性，喜于储蓄邪法邪见的财富，将使你心智昏蒙，身陷烈火寒冰的地狱。

“七、不让怨家身坏命终。他一生造恶无量，一旦命终后，必堕落恶道，使你失去人身，觉悟无望。因此，你要在他命终前，取得正义的胜利，夺回圣贤的锦标。

“比丘们，你们要善用这七种利器，降伏怨家的侵略，你们的生命才能从泥沼的覆盖里，绽开层层清净香洁的大白莲华。”

佛陀所说的七个怨家，其实就是我们的身口意。意念多是侵占欺骗，语言多是嗔恨嫉妒，身体多是爱染成习。我们身陷臭秽的泥水中，日久不闻其臭，所造不善，就像顶上之发，不知日长几分！

我们讨厌怨家，障碍我们事业成功，破坏我们家庭美满，断送我们人生好因好缘。多少人花钱去超度怨家，希冀解冤消仇，祈求一生无灾无难到公卿，却不知最大的怨家不是别人，而是自己。

要求怨家双手放下干戈，不用凌迟迫害，必须自己先放下内心的刀光剑影，否则缘木求鱼，心外找心，离道愈远。

干净的心

无论我们从事什么职业，都可以当作是修行的道场。

佛陀在世时，并不因为他是僧团的领导人，而要求特权，依旧每天和大众一样，着衣持钵，走路到舍卫城，次第乞食化缘。四十九年的传教生涯，足迹遍及全印度。佛陀的心，平等如日月星光，普照万物有情，如雨露水泽，遍洒大小丛林。

有一天，佛陀外出时，在路上遇到一个担粪的工人，名叫尼提。他远远地看到佛陀正和他迎面而来，低着头赶快换另一条路急走。但是不论他走向哪一边，想尽办法闪避，奇怪的是，佛陀始终和他同一个方向。

慌忙的尼提，左右为难，不得已只有跪下来说："尊贵的佛陀，请问您要走哪一边？"佛陀和蔼地说："尼提，为什么我到了左边，你就走到右边，我到了右边，你又改到左边，你为什么要逃避我呢?”尼提颤抖着身体说：“佛陀，您是至尊无上的身份，而我只是个卑微的贱民，不敢用肮脏的身体来面对您，所以才急急地避开。”佛陀微笑地说：“尼提，你一点都不低贱，我看不到你有任何肮脏之处？一个人的尊贵和清净，不是挑担着粪桶就是污浊不堪的，这是为大众清洁服务的工作，一点都不肮脏的。你虽然挑着粪桶，但是你的心很清净，你对佛法有恭敬心，对三宝有信仰心，你是个清净的道人。”

民国初年，台湾也有个金山活佛游戏人间，神通莫测。有一天他头戴着粪桶，别人都掩鼻走避，嫌他恶臭，金山活佛笑嘻嘻地说：“我们天天抱着粪桶，和它坐卧行住，却闻不到它的恶臭。”有钱有名，地位高高在上者，未必人品高洁，行事端正。反观日日与垃圾为伍的清洁工，他们为大众清除肮脏，为地球留下清净，虽然默默无闻，却是人间的菩萨行者。

修行，学习一份清净心。何谓清净心呢？打坐念佛，礼忏诵经，只是使我们得到一时的清净而已，真正的清净心，就是菩萨心，充满服务奉献的心。无论我们从事什么职业，只要是正当的，都可以当作是修行的道场。唯有把寺院延伸到我们的工作环境、家庭生活中，才能和修行打成一片。

人间的高贵和低贱，不在华冠锦服，不在田产家业，在于肯与人服务结缘，懂得欢喜奉献。真正高贵的人，是能够和众生水乳交融、生死与共。

处处菩提

成道觉悟不在背诵千偈，在于日用中念念用心。

有两个比丘为了晚上睡觉的事情，彼此起了争执。甲向乙抗议，他上床就寝时，动作太粗鲁，影响别人的清修。乙争辩说，不过是小小的声音，何必小题大作，上床睡觉和修行又有什么关系呢？

两个比丘为了此事争论不休，传到佛陀的耳中。有一天晚上，佛陀召集僧团的大众。佛陀说："修行的人，心柔软敏锐，时时保持正念的觉知。不论是动止语默，乃至开门关门，上床下床的举措，内心还是保持清净光明，不被散乱之魔扰乱。"

一切诸佛，借由生活中的八万细行，严熟他们不可思议的国土。他们触及土地怕大地疼痛，说话谈论怕惊扰万物！成道觉悟不在背诵千偈，在于日用中念念用心，不干扰别人。每天晚上上床休息时，也必须具足七法。

一、不可盘踞床身，要右向而卧。

二、不可匍伏身体，慵懒怠惰。

三、不可大声拂床，干扰他人。

四、不可卧床出声，令他人烦恼。

五、不可叹息思维，世间俗事。

六、不可如狗群卧，丧失威仪。

七、不可贪恋睡眠，退失道业。

比丘们听了佛陀的上床七法，个个心开意解，对于生活的细节，不敢轻视，因为他们了解到，烧茶煮水、搬柴挑石，都蕴借着悟道的因缘时机。

开悟因缘时时有，不一定在两千多年前印度的菩提树下，每一个念头的来去，只要我们不被迷失，不随波逐流，当下就是成道的菩提树林。

佛陀不说天上的玄妙，不论鬼神的奇迹，他要我们回到人间，回头看看吃饭睡觉。现成的人间事，其实含有密密佛语，神奇妙方。

两千五百年前，印度的圣者佛陀对追随的弟子们，宣说吃饭睡觉的无上法音，那来自恒河的心灵梵唱，至今仍悠悠地传诵歌咏于人间。

当思来处不易

从一粥一饭中，深观因缘和合的道理。

释尊在世时，有一名弟子对于信施供养的衣服，才穿了两三天，就任其污秽破损；吃饭的时候，碗中的米粒还未吃完，他人就跑了。由于他总是这样不爱惜东西，因此有一天，释尊命他脱去了袈裟，到城内乞化。他进了城内，那些过去曾供养他的人，连一点东西都不肯供养他。

“今天受了什么供养？”等到弟子回来，释尊这样问道。

“释尊，今天连一点供养都没有，请你还给我袈裟吧。”

“我是想还给你寄存的袈裟，可是我已经忘记放在什么地方了。这棉花给你吧，你再去做一件袈裟。”于是释尊给他一坨棉花。弟子看了看棉花，心想这个东西怎么能做衣服呢？他向释尊挖苦似地说道：“释尊！我不是魔术师，怎么会用这棉花做衣服呢？”

“布衣是由棉花做成的，只要经过一定的过程，谁都能做到，不是只有魔术师才能办到。但是从棉花到布料，必须经过采棉、纺线、织布、剪裁……付出劳力，辛苦制作，才能成为一件衣服，你需要的衣服，就是这样做成的。”释尊回答。

“噢！这样麻烦？”弟子听了不禁惊奇起来。

“一件衣服，是众缘所成就。吃饭也是一样，要知道，每一粒米都是农民的辛苦，从一粒米要煮成饭，得经过植苗、除草、施肥、灌溉等过程。我们现在能这样安稳地过日子，是受到众多人们的帮助，因此绝不可忘了大众的恩义，要时时以感谢的心来爱生惜物。”

释尊不是锱铢必较的财政专家，他什么财宝都不要，但是对于这个世间的一草一木，没有不爱惜的，真可说是最伟大的经济学者。

真正懂得经营者，并不是商场上的运筹帷幄，或是抱着金算盘投资求利者。他能从一粥一饭中，深观因缘和合的道理，懂得惜福爱物、节制用度，明白所拥有的一切，都是大众的成就，一物一因缘都不轻易浪费，积蓄遍十方界的无量福德财宝。

三层楼的故事

事事都求速成，却忽略过程与基础的重要。

往昔，有一个富翁到朋友的家里，见到朋友三层楼的房子高广严丽，轩敞疏朗，不但建筑瑰伟，装潢更是美轮美奂。富翁愈看愈喜欢，不禁心生渴仰，他暗忖：我有的是钱，为什么不来建造一栋这样华丽的楼房呢？

富翁把建造这栋三重楼的木匠请来，问："你可不可以也帮我建造一栋瑰伟严丽的楼房？我会付给你更多的酬劳。"木匠欣然应允。但是当木匠开始建造地基时，富翁疑惑地问："你在做什么？"

木匠回答："建三层楼的房子啊！"

富翁说："我不打算建一、二层，你只要替我建造第三层就好了。"

木匠惊讶地看着富翁，说："哪有这种事！没有第一层楼，如何建造第二层楼；没有第二层楼，又如何会有第三层楼呢?”

《百喻经》里这一则“三重楼喻”,寓意良深。想想,一栋没有地基的高楼,不过是空中楼阁的痴想。这位富翁愚痴无智的行为固然可笑,但是我们往往犯了同样的毛病而不自知:事事都求速成,却忽略过程与基础的重要。不从基层做起,怎么可能建造出巍峨的大楼、成就往后的事业呢?

在快餐的时代,看病要吃特效药,一份方便面就能温饱,连热饭菜都以微波炉快速加热……凡事求迅速、求快。然而速成的东西不能耐久,只会使我们错失体验生活的乐趣,更无法学习到生活中的许多智慧。所谓“万丈高楼从地起”,要拥有、求成果,就得一步一步、一砖一瓦慢慢地累积,才能更高更大更长远。

练就平等心

生活随缘而喜，随遇而安，随心而住，随他自在。

从前印度的阿育王信佛非常虔诚。有一年，他要举办供僧法会，礼请全国的高僧前来接受他的供养。按照佛教的规矩，在供僧法会时，斋主不但要备办许多的佳肴美食，还必须向在座的僧人一一顶礼，表示自己内心的虔诚恭敬。

阿育王依循佛教的规矩，向座上的高僧一一顶礼。当他走到一位沙弥的面前，心里迟疑着，我是个国王，向一个小孩顶礼跪拜，实在有失身份！可是不顶礼，又怕违反佛教的规矩，阿育王最后勉为其难地把小沙弥请到没有人的地方，向他顶礼。顶礼以后，阿育王小声地嘱咐说："你是个小孩子，我是个国王，我今天向你顶礼跪拜，会让人耻笑，可不能告诉别人哦！"

小沙弥听完阿育王的话，便把吃饭的钵摆到地上，然后腾空一跃，忽而在钵中唱念经呗，忽而在钵的边缘经行漫步，阿育王看得目瞪口呆。小沙弥恢复身形后，悄悄地在阿育王的耳边说："我只是个小孩子，刚刚不过是一种游玩的把戏，你看了以后，可不能把此事告诉别人哦！"

佛陀曾经说过，长老有两种，一种是年龄的增加，一种是智慧的增长。佛门中的长老，是奉志守道，心开意解的人，而不是无知无慧的老朽者。只是，一般人往往以貌取人，混淆眼目视听，错过和圣贤交会的美好时节。

小沙弥在钵中腾空飞舞的演出，实在是给我们一记棒喝，警醒世人，不论老少美丑，心要平等，无有高下的差别。平等心是佛心，想要与佛心心相印，先从不拣择开始，生活随缘而喜，随遇而安，随心而住，随他自在。

方寸心间的抉择

你的心平等无二，就是佛陀的村庄；你的心慈悲喜舍，就是菩萨的住处。

三国时代，东吴的孙权对佛教素无信仰，有一位印度的出家人康僧会到吴地（今江苏省吴县），在街头设立佛像，低头焚香膜拜。当地的百姓，以为他是妖异，上状告之。孙权耳闻这桩怪事，派人召请康僧会入宫。

孙权问他："佛有什么灵感祥瑞之处呢？"康僧会回答："人如诚心，佛便应现无方。""有什么可以证明？"孙权咄咄相逼。康僧会泰然地答说："佛的遗骨舍利，可为证明。"孙权限他二十一日祈得舍利，若得舍利，建寺供养，若求不得，截断手足，驱逐出境。

康僧会昼夜不断念诵经咒，至诚求请佛骨舍利。聚集的人潮愈来愈多，好奇的百姓交头接耳地谈论这个精通华语的西域僧人，到底在玩什么把戏？他们一辈子也没有看过佛陀的舍利，到底长什么样子？日子一天一天地过去，香案的净瓶依然空无一物。

第二十一日，孙权带领侍卫前来，只见官兵两列环伺，百姓屏息以待。一轮新月缓缓上升，忽然听到仿佛豆子铿然落下的响声，划破寂静。康僧会捧着净瓶呈予孙权，只见瓶中光芒四射，目不可直视。孙权将瓶中舍利泻于铜盘中，只见硕如珠玉，晃耀人目，众人正叹为观止时，舍利下冲，铜盘破碎。孙权感到稀有惊异，但是心仍有存疑，再三地试验，令人执千斤铁锤击之，锤身俱陷，舍利不损，又以大火烧炼，只见杂色莲花，朵朵飞腾。

孙权心悦诚服，发大信心，敕寺名为建初，改所住地名为佛陀里。

佛陀里的故事，不是灵异神奇，而是信心显发的力量。佛陀的遗骨舍利，分身千处，旨在我们回归自性，人人有个铁锤击不碎、烈火烧不毁、大水漂不走、金刚不朽的如来真心。佛陀里，不是三国吴地，就在你我方寸心间，昼夜六时放光，腾焰不息，映照日月星光。只要你平等无二，你的心就是佛陀的村庄；你的心慈悲喜舍，就是菩萨的住处，你的心不再悲忧愁苦，就是罗汉的兰若，你的心奉行五戒十善，就是人间无忧的净土。

我们要住在伤心的小镇，一生狼藉欷歔，还是迁往满路香麝、桃李成蹊的里舍，吟赏烟霞，管山管水管竹？端看你的心，是和纤纤无尘的君子往来，还是与满布嗔怨的小人为伍。

为善得福

希望获得什么结果，就应种什么因。

三国时代，东海朐县有一位名叫縻子仲的人，他的祖先世代经商为业，累积偌大的财产，庄户无数，僮仆万余人。縻子仲继承祖先留下的基业，并扩大经营。

一次，縻子仲到洛阳做生意，回程时，看到路旁一位颇有姿色的妇女独自在烈日下赶路。那妇人看到縻子仲的车子经过，招手拦车，请求縻子仲载她一程。縻子仲答应了，便邀请妇人坐上车，自己则下车步行。走了一段路后，妇人再三请求縻子仲一起坐车。縻子仲上车之后，端身正坐，目不斜视，对那位妇人非常尊重。

车行数里后，妇人向縻子仲告辞，并自称是南方火德星君，对他说："我奉了上帝的命令，要去烧掉你的家产。因你一路来以礼相待，特别告诉你。"縻子仲吓了一跳，赶忙拜谢她，并请问避祸的方法。妇人说："这是天命，我也不敢不执行。不过，你可以赶快回家，尽速将所有的财物都搬出来，可以减少一些损失。我晚一点才来，留给你一些时间。”

麋子仲听了，快马加鞭，飞奔到家，动员所有的仆佣将财物悉数搬到空园子中。过了中午，麋家的厨房果然失火，火势一发不可收拾，把连绵数十间的房屋都烧毁了。

麋子仲因为火德星君的宽限而保留了大半家产，从此，不遗余力地济贫拔苦，救难扶危，无善不为，无恶不诫。

佛教说因果报应，常举“影”与“响”作譬喻说明：阳光下，影子一定跟在身旁，形动影随；在空谷中，一有发声即有响应。有人对着空谷喊：“我喜欢你”，空谷的回音一定也是“我喜欢你”，绝不会变成“我讨厌你”。因此，希望获得什么结果，就应种什么因。

《法苑珠林》说：“一善念者，亦得善果报；一恶念者，亦得恶果报。如响应声，如影随形，是故善恶罪福各别。”麋子仲以礼待妇人，无丝毫亵渎之心，一念之善，想不到竟挽回大半产业。看来，为善得福的感应，远比以牺牲酒礼向上苍神祇祈求福佑，要来得迅速且有效果。

受杖自责

语言的教导比不上身教的力行。

东晋时代的法遇大师是一寺的住持，领导住众数百人，平常规矩严谨，道风远播十方，受到僧信的敬重。然而再清净的僧团，龙蛇杂处，难免良莠不齐。

曾有一位徒众，品行不端，和俗人混迹玩乐，甚至结伴喝酒。原本饮酒是犯根本大戒，应该处以迁单，逐出寺院，然而法遇大师顾念他是初犯，并没有做出逾矩的行为，于是责骂一顿了事。

事后，这件“饮酒事件”传到法遇的老师道安大师的耳中，道安大师叫人送来一样东西给法遇。法遇打开师父寄来的东西，一看是一个竹筒，里面包了一根棍子，无只字片言。他心知肚明，老师责备他课徒不严，执法不够严峻。

他立即召集全山大众，把师父寄来的棍子供在佛前，脱去上衣，命令徒弟打他一百大棍。众徒众看到法遇大师勇于自责，接受老师杖棍的处分，从此戒规更加森严，而那位喝酒犯戒的徒众也深感惭愧，不再攀缘俗务，而专心用功修行。

身教重于言教，法遇大师虽贵为一寺的住持，却能坦然受教老师的处分，当众承担棍杖的责罚。由于他勇于认错，令徒众更加心悦诚服，使得他能够统理大众，一切无碍。

身为老师、父母、主管，语言的教导比不上身教的力行，学生、孩子、属下等不肯受教时，我们应该回头省思自己的言行是否违背了自己所立的法规。

一无所求

赢回胜利的奖杯，靠的是自己的脚，而不是啦啦队的喝彩。

宋朝时候的重显禅师想到浙江的雪窦寺去参学。路途上遇到素有德望的长者乡亲，他闻知禅师要到浙江雪窦寺参学，就自告奋勇地说："雪窦寺的住持大和尚，和我是相交多年的好友，我写封介绍信给你，你带着信给他，一定会受到礼遇的。"重显禅师很感谢长者的好意，带着他的介绍信上路，经过几个月的跋涉，终于到了浙江雪窦寺。

时光匆匆，重显禅师在雪窦寺已有五年了。有一天同乡的长者来拜会住持和尚，谈起此事，探问重显禅师的近况。"当时我替他写了介绍信，不知道有没有交给住持和尚？"住持闻语，十分讶异说："这个人确实已进禅堂参修，信倒是没收到。"住持派人把重显禅师找来。同乡的长者问说:“你为什么没有把我写的介绍信给住持和尚呢?”重显禅师回答:“出家人应是一无所求的随缘参学,介绍信所带来的特别待遇,只会使我生起傲慢,反而障碍我的修行。因此,我并没有把你的信转呈住持,今日你既已到此,我就把信还给你吧!”

重显禅师五年来隐晦自泰,不求闻达,那种磊落洒脱的气度,没有几个人可以等齐相比的。他得到住持和尚的欣赏,将管理雪窦寺的重责大任交给他,光大门庭,令禅宗大树法幢,后人尊称他为雪窦重显禅师。

若和今人相照,禅师如光,今人如尘,禅师淡然自处,今人天天营求,处处请托,计算谋求一职半位。

千年前,尊贵的佛陀就说过:“我是众中的一个。”他愿和大众同饮食共眠起,不要求什么特别的礼遇。一个人能被大众崇敬礼遇,是因为他的品格、他的为人,再多的介绍信,别人屈服的只是你背后的威权,反而忽视你真正的实力。

百人推举,不如一事立功。在人生的跑道上,再多的人情信函,不过如场外热闹的啦啦队,只能振奋你一时的精神。跑完终点,赢回胜利的奖杯,靠的是自己的脚,而不是啦啦队的喝彩。

能约束我们的，
只有我们自己的心。

心安，东南西北都好；

心安，粗茶淡饭有味；

心安，方丈陋室便是三千大千世界。

找回人性的良知，
人人才能活得尊严快乐，
安心又自在。

「随众」是一种
包容心的养成；
尊重他人，
不以自我为中心。

寻找真人

我们不停地追寻世间的快乐，却从不去寻找真正的自己。

传说，有一个读书人游历嵩山，悠闲地坐在亭台上，远眺绿树人家，花艳成荫，蜿蜒的山径，游春行人如织。忽然飞来一只白鹤，停在他的面前，开口说话："你不要害怕，我是嵩山的鹤仙，我的脚受伤，只有用人血涂抹才有办法治好。"他看到雪白的鹤身，淌着鲜红的血。他毫不犹豫，咬破手指，把血涂在鹤的身上，谁知毫不见效。鹤仙拔下一根羽毛，贴在他的眼睛上，他看到自己是一匹马，而路上密织的游人，都成为猪狗鸡鸭之类。

鹤仙说："我要的是真人的血！"他问："什么是真人的血？"鹤仙答："心地纯净，尊重众生的生命，不杀、不盗、不淫，不被情欲驱使。真人的周围放出白色的光芒，使别人一接触他，便感到宁静，感到安全。"

他沿着山路寻找真人。在一幢破旧的茅屋见到白光。里面住着一位老婆婆，她一声一声地念佛，仿佛是夏日的清泉，沁人脾肺。她的身边环侍男女稚童，各种禽鸟驻足，脚旁还盘着一条大蟒，老婆婆全身散发纯白的光云。他情不自禁流下泪来，感叹一生读尽圣贤书，唯有功名熏心，贪求欢乐富贵。

我们一生寻找许多东西，美丽的爱情、显赫的头衔、千万的积蓄、青春的身体、美满的生活……我们不停地追寻世间的快乐，却从不去寻找真正的自己。

寻人启事，寻找的不是别人，是我们自己。而真人在哪里呢？生活里，少一点侵犯，多一点爱护；少一点迫害，多一点尊重；少一点嗔恨，多一点忍辱；少一点贪恋，多一点随缘。经过修炼的心就是佛心。

一分的少欲知足，一分的尊重包容，一分的清明智慧，一分的慈心悲愿，地球不再埋伏杀戮危机，而是一处春风微和，皎皎云月的人间净土。

一滴水

与其背诵万卷经偈，不如从护念身边万物万事做起。

仪山禅师有一位个性谦和恭顺、努力勤劳的弟子，平时侍奉禅师的生活起居。有一晚，仪山禅师要洗脚，他提桶热水，放入盆里，结果水太烫了，他赶紧再加一点冷水进去，随手就倒掉剩下的水。仪山禅师忽然生气骂道："还有半桶水，你这样轻易把它倒掉，就算是一滴水，如果给一个饥渴的人，他能解渴；给草木花卉，也能滋长。一滴水蕴含天地无限的生机，你如此不懂爱惜福报，怎么能和诸佛接心，与祖师相应？"徒弟受了仪山禅师的教育以后，从此改名叫"滴水"，更努力在心地上用功，不久就洞彻明心，见到自己的本来面目。

他一生以"滴水"为名，大家都尊称他为"滴水和尚"。滴水和尚上堂说法时，不谈玄妙之事，只要人人珍惜滴水物资，日久，心意淳净，自然能耳闻大千潺潺法音，亲睹溪花山色的刹尘佛土。

真正的修行人，与其背诵万卷经偈，不如从护念身边万物万事做起。因为诸佛不在高高的藏经楼，而是在日常珍惜一针一线、一草一木，开发柔软的慈悲心。佛经记载着，有一位睒子菩萨，走路时不敢用力，怕把大地踩痛；说话时不敢大声，怕惊扰熟睡的山河风景。他对无情万象，以深情款款相待，聆听它们的需要，他的心和天地同眠起，和万物共呼吸。

杀生，不只是对待人和动物、虫蚁蚊蚋等生命体的残暴态度，凡是点滴的物质，任意浪费糟蹋，都是杀生。即使是家中的衣服、桌椅、家具等，你不爱惜它，缩短使用的时间，这何尝不是另一种形式的“杀生”行为？

如果你也能从一滴水中看到无上的妙法，如此，一定能爱惜眼前点点滴滴的因缘。能够视万物如一滴水，珍惜它，爱护它，那么即使是天寒地冻的时节，你的胸怀，依然是春日微熏，满园蜂蝶飞舞。

不说假话

当利益当头，攸关身命之际，有几人能刚正不阿，坚持良知，不说假话？

人常常为自身的利益，不惜说假话、欺骗别人，有时候甚至用尽心机，占尽别人的便宜。谎言假话在佛教称为“妄语”，就是不吻合真实情况、损人利己的言语。唐朝的道楷禅师，宁可丢掉性命，也不肯说假话骗人。

道楷禅师人品俊逸，德行超俗，由于他的道德修为，不仅吸引大江南北的僧信，向他请益佛法，也传播到京城皇帝的耳中。皇帝仰慕禅师的道行，想要召请他入宫。使臣三番两次带着诏书，请禅师进京，接受御赐的紫袈裟和优厚的供养。道楷禅师都不肯应诏，婉拒皇帝的赏赐。

由于皇帝连下三次诏书，道楷禅师皆如如不动，皇帝深感尊严受损，勃然大怒，下令将他押解上朝。使臣拿着皇帝的圣旨，一再游说禅师要接受皇帝诚意的邀请。道楷禅师淡漠地说："为僧只应山中住，朝廷当中不适宜。"使臣看着态度坚决的禅师，内心钦佩他超俗的风骨，就替他想了一个办法。"禅师，您就说自己年纪大了，身体虚弱有病，不堪千里跋涉的疲累。那么我以此为理由，回朝禀告皇上，您就能免除杀身之祸。"

道楷禅师正色地说："我身体很好，也没有生病，我怎么可以说假话来欺骗皇上呢？我宁可接受皇上的处分，也不愿以妄语骗人。"使臣无奈，只好把禅师押解至京城。皇上从使臣那里听到道楷禅师宁可受罚，不愿说谎的事，感佩他勇敢正直的品德，当面释放他，并派车马迎禅师回寺中，也颁赐紫袈裟和若干珍宝供养。

当利益当头，攸关身命之际，有几人能刚正不阿，坚持良知，不说假话？当今社会中，虽然聪明才智者如过江之鲫，但是不说假话的君子往往如凤毛麟角。道楷禅师宁受杀头之难，也不愿人格染污。

光风霁月的圣贤，我们总以为是老旧课本的教材，但谁不希望所交者，皆是肝胆相照的知己？不说假话，赢得别人敬重，如同美玉般的君子，实为人生中不可多得的良师益友。

照顾念头

善恶的细行，有时候能成就我们终生的福乐。

拒绝烟毒，是目前社会宣导的工作重点之一，希望人人不要贪图短暂的迷醉，拒绝烟毒的侵犯，以免把健康败坏，断送大好前程，将一生的清誉名节毁于一旦。其实佛教早已有先见之明，两千多年前，佛陀就制定“五戒”，为我们规划一个身心富足安乐的生活，其中的“饮酒戒”，也在警戒我们要远离一切足以混乱我们清明思想、害我们智慧开展的东西。

有的人自恃意志坚定，认为尝试几口烟麻毒品，应该不会上瘾，但不久之后，往往成为烟毒的阶下囚，难以自拔，求出无期。

佛经里就有这样一个故事：有一个人闲着无聊，想要喝点酒，排解心里的苦闷。酒上桌后，他发现喝酒没有下酒菜，实在没有意思。忽然听到咯咯咯母鸡的叫声，就趁着隔壁人家不注意时，将鸡偷过来杀了，烧炖成一锅美味的下酒菜。他有了下酒菜，更加大口大口地喝酒，不久就喝得酩酊大醉。隔壁的女主人回来，看到养的老母鸡不见了，上门探问他，他不但妄言没有看到鸡，还无法克制自己的欲念，非礼了这个女人。

故事中的人从饮酒演变到偷鸡、杀鸡、妄语、邪淫，把清白的一生葬送在几许斤两的酒中。

禅门中常常提醒行人“照顾念头”，这“照顾”两个字，就是戒律的持守。如果没有红灯标志的街道，人车一定难保平安；没有鞭策的牛马，必然狂乱奔跃，践踏稼苗；没有戒法的缰绳，我们的念头如同狂象，如何驾驭调柔，使它歇息安静？

一滴水成海洋，一粒米收万粮。我们不要轻忽微细的念头，往往这些善恶的细行，有时候能成就我们终生的福乐，有时候也能成为我们永久的悔恨。

今生驮你百里路

驴子的百里路，驮负的是自己沉重的贪念，只要我们放下贪念，百里千里，都了无重担。

从前有一个商人临时有急事要进城里处理，租借了一只驴子做为交通工具。一路上，这只驴子很勤快地赶路，走了一百里，再过二三里就到城市，驴子忽然不动了，任由他踢打鞭策，驴子像个凝固的石像，仍然纹丝不动，他心急又无奈，只好走路去办事。

晚上他投宿客栈，驴子前来托梦说："实在对不起，我只能驮你一百里路。因为前世我偷了你一双鞋子，这辈子要为你驮一百里路，如今我欠你的都偿还清楚，彼此互不相欠。"

他梦醒后，驴子的话如洪钟敲动他的心，他警觉到因果业力的不可思议。于是把经商部分所得捐给慈善团体，皈依成为佛教徒，并受持五戒，劝人为善，诉说驴子报恩的故事，为因果做见证。

“前生穿你一双鞋，今生驮您百里路”，偷盗侵占他人的财物，纵然得到今生富贵，不知来世却要转为牛马身偿还，天下哪里有白吃的午餐，凭空而降的黄金？

驴子报恩不是坊间的劝善故事，是反映我们心里的贪念。在所有的戒律中，偷盗戒最难持守，比如日常生活中，顺手带回公司的纸笔；工作时间中，打电话谈私事、外出办私事等等。这些盗用老板的资源、时间，我们视之平常，并没有检视因为贪欲的习气而产生了偷盗的言行。

守住我们的六根，眼不盗男女色，耳不盗靡靡音声，鼻不盗五欲香气，舌不盗血腥滋味，身不盗细滑之体。六根清净后，永离驮负还债的苦果。

驴子的百里路，驮负的是自己沉重的贪念，只要我们放下贪念，百里千里，都了无重担。

何必平地起风波

欢喜评论他人长短善恶，却不自知这好坏是非，让自己的身心不得自在。

有一群人等着要过河，船夫把渡船从沙滩上推到河里，河边上的小鱼、小虾、小螃蟹，因为两岸船只的往来，都给船压死了。等候乘船的人很多，其中有一位秀才和一位禅师。

秀才看到渡船压死鱼虾的情况，就问禅师："和尚，你看船夫把船推下水的时候，压死那么多鱼、虾、螃蟹，你说这是谁的罪过呢？是乘船的人，还是船夫的罪过？将来这个杀生的罪业，是要归于乘船的人，还是船夫？"

禅师指着秀才说："是你的罪过。"秀才很生气地说："怎么会是我的罪过？我也不是船夫，也没有乘船，怎么会是我的罪过呢？"禅师呵斥说："因为你多管闲事！"

船夫为渡人到河岸，心里没有杀意；乘船的旅客，只是过河办事，也没有嗔恨杀生的恶念，他们的无心，像虚空一样，任白云乌云遮蔽，并不妨碍原本净朗的天色。

持戒的人要从慈悲的本怀去思量，例如很多人持午（过午不食），原本佛陀制戒是要我们减少食物的贪求，用心在修行办道上，但是为了持午，别人却为你忙着打果汁、熬米汤，你高高在上去修行，别人为你庸庸碌碌地打点杂务，此种行为并不可取。古代的祖师大德，搬柴运水，发愿为众生做一只老牯牛，我们何德何能，又有多少福慧，可以如此浪掷？

秀才妄生是非分别，平添烦恼闲事，人世间也有不少像“秀才”的人，欢喜评论他人长短善恶，却不自知这好坏是非，让自己的身心不得自在。

罪业由心造，这颗心像精于绘画的画师，涂满青红紫绿的色彩，想要回复心的纯白无染，只要停住内心画师的双手，那些五颜六色自然消退。谁的罪过，甲也好，乙也罢，都不干我们的事，何必平地起风波，让自己的心，朝也寒雨，晚也冷风，不得宁静清明！

为时已晚

拥有人身的时候，结下善因良缘，使今生自在无忧，预约来生的幸福美满。

修行人出外行脚云游，看到一个人在路旁焚香、供花、献果，走近一看，原来他对着一堆白骨在礼拜。修行人问说："这个人是你的亲人吗？人死不能复生，你给他献花供果，他也享用不到。"那个人回答说："这堆白骨不是别人，是前世的我，我能升到天堂享受福乐，要感谢这个身体。生前帮我布施行善，慈悲济世，持守清净戒律，没有做出伤天害理的事，所以，我今天从天堂下来，向前世尸骨表示感谢。"

修行人继续往前走了一段路，看到另一个人拿着鞭子在路边鞭打一堆白骨。修行人问他："这个人跟你有仇吗？即使有什么仇恨，他人都死了，也就一笔勾销，你鞭打这堆尸骨，又有什么用呢？"这个人回答："你有所不知，路边这堆尸骨不是我的仇人，而是我自己。生前他不帮我做好事，犯下偷盗、诈欺、伤害、强暴等等罪行，他害我到地狱里受苦，都是因为他的缘故。因此，我今天特别向阎罗王告假，不狠狠地鞭打他一顿，难消我心头之恨。”

升天堂享福，下地狱受苦，都是我们这个身体所做。当我们拥有这个身体时，要好好地管理它、运用它，不要让它像只野牛，践踏毁坏我们心田里的福德善苗。

鞭打白骨，为时晚矣！何不趁着拥有人身的时候，结下善因良缘，使今生自在无忧，预约来生的幸福美满。

“从此过着幸福快乐的日子”，不是公主王子的童话故事，只要每个人做好身体的管理者，用善法戒行领导，我们的生活必然幸福又快乐。

修行龙

修炼我们内心的毒龙，成为一个纯洁馨香的修行人。

有一条大力毒龙，它是龙中之王。以眼视人，身体虚弱的人，立即身亡。以气嘘人，再强壮的人，也受不了它的毒气，片刻命丧黄泉。它的毒性和威力如此巨大，因此人畜都怖畏恐惧。

这只毒龙平时潜居水中，个性并不暴虐，更不会无端地伤人。它颇具灵性和善根，每月受持八关斋戒，体会出家无欲的生活。毒龙岁岁年年，入林树间，禅坐思维，坐久疲倦而睡。

睡觉的毒龙，发出炫人的色彩，吸引一个猎人趋近观看。猎人看到神奇的一幕，心想，如此稀有绚丽的皮甲，我若献上国王，作为船舫，一定会得到优厚的赏赐。猎人以杖按住龙头，以刀剥其皮。龙自念："我力能倾国土，这渺小的猎人，只要我睁开眼睛视之，他必定丧命无疑。我今日以持戒故，依佛陀所教，布施此身。”龙于是闭目不视，屏息不喘，怜愍此人，仁慈不杀。

龙失去身体的皮肤，血红的赤肉，暴晒在大热天中，炙热的沙石令它痛苦不已，它想要跑向大水，无奈腥膻的味道，吸引许多小虫，啃食吸吮它的血肉。龙为持戒故，不敢轻举妄动，怕践踏压伤微细的虫身。龙静心思维，向诸虫说，我以此身尽付，布施无悔！

毒龙敛目慈柔，如沉静的菩萨容颜，它的毒气化成朵朵香莲，身体宛若罗网珠光。一条毒龙，没有皮，没有肉，它脱骨剜肉还予大地众生，无憾地含笑而终。

出家的毒龙，宁可皮毛血肉无存，不愿毁弃自己心中的戒体。戒，不是刻板的教条，不是商业的契约，这些教条契约只是一种人际的设防和外力的压制，无法令彼此心甘情愿，欢喜信受。戒，使一条毒龙变成修行人，看破色身的幻聚，不再吐放毒焰，施大威力，令人畜走避。

心有怜悯，即使是剧毒的龙，它的气焰自伏，口出朵朵七宝香莲。喜舍能剥去毒龙的皮，持戒能舍弃毒龙的肉，修炼我们内心的毒龙，成为一个纯洁馨香的修行人。

偷椰子

凡事将因果放心中，以此培植善缘，为人处世。

有一个小偷捧着刚偷来的椰子，正要大快朵颐时，被果园的主人逮个正着，怒气冲冲地责问他：“你怎么可以吃我的椰子？”

小偷若无其事地说：“我没有吃你的椰子。”

主人更是火冒三丈，反问：“这个椰子是我种的，怎么不是偷我的椰子。”

小偷辩解道：“我偷的是树上的椰果，你种的是地下的椰种。我吃椰子与你有什么关系。”

树上的椰果和地下的椰种难道没有关系吗？许多人常把因果斩断，只看到结果，不追究原因，这是不明因果，错乱因果。所谓“罗马不是一天造成的”，社会乱象的根源是因为不明因果本末，不认为做善事必得善报、做恶事必得恶报，而滥起无明迷惑，为所欲为，放浪形骸，广造诸恶业。

凡夫众生不计一切贪爱享乐，为世间的繁华虚荣所迷，造作罪殃后才惭愧、懊悔自己的过失，往往为时已晚。一个有智慧的人为了免除恶报无穷，会以因果为龟鉴，慎防于因，使自己的行为不离正轨。

认识因果是宇宙万有生灭变化的普遍法则，是维系社会秩序的法律。凡事将因果放心中，以此培植善缘，为人处世。透彻《大般涅槃经》所言："知从善因生于善果，知从恶因生于恶果，观果报已远离恶因。"正观因果，一切热恼、恐怖、忧患才能远离，才能使身心清凉自在，社会人心自得芳芬！

屠刀与白莲

真心诚意地忏悔，用慈悲善念的净水洗除我们内心的尘垢。

寺庙里住着一个老法师和小沙弥两人。有一天，小沙弥无意间打死了一只癞蛤蟆，老法师很生气地说："你杀生害命，一命抵一命，你到后山的悬崖上，舍身忏悔，才能抵消你杀生的罪过。"小沙弥一听，心里又害怕又难过，但是师父的话也不能不遵从，只好含泪走到后山的悬崖边。望着万丈深渊的山崖，想跳又实在没有勇气，一个人坐在悬崖边伤心不已。

一个屠夫刚好从这条山路经过，听到小孩子的哭泣，循着哭声看到坐在悬崖边的沙弥。屠夫好奇地问："小师父，小师父，你为什么哭呢？"小沙弥答说："我不小心打死一只癞蛤蟆，师父要我跳崖自尽，才能赎罪。"屠夫一听，心想，打死一只癞蛤蟆就得舍身赎罪，我天天杀猪，几年来，也不知道有多少猪丧生在我的刀下，想到自己造下的罪业，不禁惭愧万分。于是他向小沙弥说：“我是个杀猪的屠夫，你的罪业没有我的深重，该跳崖自尽的人是我，今天我愿意代你赎罪。”屠夫一心想要忏除罪过，根本无视于万丈悬崖。当他身体正要跌落谷底时，忽然飘来一朵纯白的莲花托住了他，冉冉上升……

放下屠刀立地成佛的故事，是大家十分熟悉的内容。佛教对于我们过去所造的罪业，提出积极的改过方法，就是真心诚意地忏悔，用慈悲善念的净水洗除我们内心的尘垢。

宿命论只会迷惑我们的智慧放弃创造命运的权力，唯有向佛，承担错误，勇于改过的正观，才能使我们的生命得到救赎。

一杯难以入喉的咸水，如果注入一点一滴甜美晶莹的泉水，也可以把咸味冲淡，成为清凉的甘露。放下内在的屠刀，沾满血腥的锋刃，也能蜕变成一朵纯白柔软的香莲。

卖檀香

世间万物万灵必定都有价值，但看明眼巧手如何提炼。

热闹的市集里，有一个卖檀香的阿明努力地推销檀香，可是来往的顾客却都嫌贵，不肯花钱买他的檀香，这样的景况维持了好几天。后来他看到一个卖木炭的小贩，才一天的时间就把木炭卖完了。阿明心里很懊恼：我的檀香不及木炭吗，怎么他的木炭一天就卖完呢？

他忍不住问卖木炭的小贩："你的木炭为什么这么好卖？"小贩细心地为他解释："每户人家煮饭烧菜都用得到木炭，而且我这个木炭是黑色的，更好卖！"

阿明终于明白，黑色的才好卖。于是他将所有的檀香烧成黑色，再运到市集兜售，果然烧黑的檀香一下子就卖完了。

愚痴的阿明只想到要将檀香卖完，却不知道木炭有木炭的价值，檀香有檀香的价值，把珍宝当作瓦砾来贩卖，便宜贱卖，当然人人抢购。

同样的物品在会运用的人手上，是珍品；不会运用的人，珍珠玛瑙也会变成废土砂石。就如同一个人才，放对位置，则彼此获益；不懂赏识，再优等的良马也视作劣马用来推磨子，不也枉然！世间万物万灵必定都有价值，但看明眼巧手如何提炼、抽丝剥茧！若是用人不当、用物不当、用言不当，不但错失良机良缘良才，更造成浪费。

善于运用人才，首要建立正确的价值观念，培养宽广的视野，时时深入思考，才能具备识才识物，以及会用、懂得用的能力与见解，才不致将珍贵的檀香烧黑，便宜卖了。

不为美食所欺

"持戒",看似束缚,其实是自由平安之道。

在王宫里,养了许多大大小小的鸟。这些鸟是要做什么用的呢?

原来,这些鸟儿,每天都由专人悉心照料,供应美味的食物、饮水,调节温度冷暖。一旦鸟儿长出过多、过长的羽毛,照顾的人也会勤快地帮它们一一加以修剪。因此,在王宫每天的餐桌上,都可以享受到一顿肉质鲜美的鸟肉大餐。

其中一只聪明的小鸟,察觉到每天都有体形健壮的同伴被带出去,就从此不再回来,心中十分焦急:

"如果我今天吃得过多,体肉肥满,必定会像那些被带出去的同伴一样的下场。可是如果我不吃,最后一样会饿死。不如我每天只吃一点点,足够活下去的分量就好了。等到我的体形消瘦下来,应该就可以从笼子的孔隙钻到外面去。”

一个礼拜过后，它努力地忍耐着肉体上的饥饿，果然身体缩小了不少。不多久，它便顺利地飞了出去，重新获得自由。

人在世间，往往容易沉迷于五欲尘劳的快乐，然而这些刹那即过，并不是永恒的。所谓“如少水鱼，斯有何乐?”在这短暂如浮云的人生，如何为自己创造生命的价值呢？千万不可贪图一时的“刀口之蜜”，而置生死于不顾啊！

所谓“戒为惑病最胜药”，它可以提醒我们在生活中防非止恶，并产生自制的力量。如“五戒”的不杀生，就是尊重别人的生存权利；不偷盗，就不会侵占别人的财物；不邪淫，就不会冒犯人我的身体、名节；不说谎，就不会伤害人我的名誉、信用。不饮酒，就能保护生命健康，令智慧灵敏。

因此，佛门里的“持戒”，看似束缚，其实是自由平安之道。一个人能遵守戒律，就能维护身心清净，不犯过失。

人面疮

忏悔像清水，可以洗涤我们的罪业，增加我们的福慧。

古往今来有不少的医学难解的怪病。有一种疮，长在人的膝上，五官齐全，还有一张口，每天向你乞讨饭菜。这则“人面疮”的故事，是发生在唐朝悟达国师身上。

唐朝的知玄禅师外出云游参学。半路上遇到一位生病的出家人，全身生疮，发出刺鼻的臭味，没有人愿意和他往来。知玄禅师却自发且耐烦细心地照料，没有丝毫厌恶的脸色，直到对方身体康复。临别时，那个出家人对他说：“将来你如果遇到什么苦难，可以到四川彭州九陇山，看到有两棵大松树并连一起，那就是我居住的地方。”

知玄禅师后来精进修行，因为德高望重，受到唐懿宗的恭敬，敕封他为悟达国师，皇上亲赐沉香装饰的宝座。悟达国师备受恩宠和礼遇，不知不觉地生起傲慢心。不久发现膝上长了一个人面疮，形容丑陋，有口有齿，与人面一模一样。他召请各地的名医诊疗，均徒劳无功。

悟达国师深知这不是平常的疾病，应是他傲慢心生，招引业障现前。他想起过去那位病僧临别的叮嘱，于是忍着痛苦，到了四川彭州的九陇山。山顶上烟云弥漫，寻觅许久，终于看到两棵并立的松树，邻近还有一座金碧辉煌的殿堂，当年的病僧早已在门前等候。两人久别重逢，相谈甚欢。悟达国师不讳言地把人面疮之疾告诉他，僧人对他说："山岩下有一泓清泉，明日天明，我带你前往洗濯，即可痊愈。"

当悟达国师掬水清洗人面疮时，人面疮开口说话："你我在西汉时代结下一段冤结，你是袁盎，我是晁错。当时你向皇帝进谗言，使我在东市被腰斩，你我世代深冤，深不可解。我多世都在寻找报复的机会，怎奈你十世来都是高僧，戒律严谨，自然感召戒神拥护，使我无法近身。这一世，你因为承受皇帝无上的恩宠，心中动了名利的恶念，致使福德亏损，我由此乘虚而入。

“今日承蒙迦落迦尊者出面，为你我解除冤业，赐我三昧法水，令我得到清凉的解脱。我们之间的宿怨，从此一笔勾销。”

悟达国师闻人面疮所言，冷汗淋漓，方知病僧是圣贤罗汉，膝上的疮已不知去向，眼前的宝殿，也杳无踪影，不复追寻，仿佛做了一场梦……他深感善恶因果的历历不爽，更惭愧自己心念未臻纯善。于是，他筑成茅庵所，自此不再出山，终老于烟霞林泉。

当时有一位名叫信古的高僧，详尽地将人面疮的故事记载下来，经后人著述成了忏摩仪规，命名为《慈悲三昧水忏》，至今广为流通十方坛场，令僧信二众同沾忏悔利益。

忏悔像清水，可以洗涤我们的罪业，增加我们的福慧，就像人面疮临别所言，悟达国师因为动了贪欲名利的恶念，它才得以近身，使他膝上长疮，热恼苦痛。

人面疮是我们恶念集合的表征，它的来去都是有因有缘。我们祈祷自己平安无难，内外清凉，必须检束起心动念。

善恶一心

善求恶求，都是我们这颗心，一个是清净满月，一个是阴霾黑暗。

波罗奈国中有位大富长者，结婚多年，他的妻子终于怀有身孕，因为是头一胎，整个家族都期待新生儿的降生。怀孕期间，妻子的性情比平常仁善柔和，对仆役也亲切宽厚。

月满之际，产下男婴，形体端正，深获父母和族人的喜爱。七天后，长者施设美膳，邀请亲戚好友同乐，并礼请全国有名的相师，为新生儿取名。长者抱着孩子，在众多亲友的欢呼声中走出来。相师问说："这个孩子受胎时，有什么祥瑞的感应吗？"长者回答："受胎时，他的母亲自然和善无嗔。"相师为孩子取名为"善求"。乳哺长大，个性慈愍，不伤禽兽，看到病苦乞者，常常央求父母救济。

善求三岁时，母亲又再怀孕。在一个乌云密布，天色晦暗无光时，母亲生下他的弟弟。初生儿的形体丑陋，稍有不遂其意，即忿怒号哭。长者惊讶孩子五官的丑恶，立刻派人延请相师前来。相师问说："这个孩子受胎时，母亲有什么异样吗？"长者回答："母亲怀他时，性情变得暴躁易怒。"相师为孩子取名为"恶求"。恶求长到会走路时，就喜欢践踏蝼蚁小虫，个性残酷又嫉妒，只要父母抚触哥哥善求，流露关怀之情，他就上前扑打推挤哥哥，不让善求接近父母。

两个兄弟，天壤之别，一个宛如炳然的日月，一个却似腐败的朽木。直到善求二十岁，恶求十七岁，父母为了让他们学习独立，要兄弟二人各自带着五百侍从，一起入海求索宝物。善求的队伍在前领导着，一路浩浩荡荡地前进，他们都怀有一股年少离乡的豪气和梦想。

路途中，善求不幸遇到盗匪，抢夺他们的车骑财物和所有的粮食。众人饥渴交迫，正处于生死攸关之际。在空旷的泽地上，有一棵枝叶繁茂的大树，善求和五百侍从，跪着祈祷树神的救济。树神现身说："由于善求平时的仁和慈愍，因此感应神祇的救助。只要你们砍去我身上的枝叶，所需当出，满你们所愿。"善求砍去一枝，美饮流出。砍第二枝，种种食出，百味具足。砍第三枝，出诸妙衣，种种备具。砍第四枝，种种宝物，悉皆具足。善求他们承接树神的赐予，装驮悉满，所需尽办，无有乏少。众人在跪谢树神的恩德后，准备走出树林，踏上返乡的路。

后到的恶求看到哥哥获得如此充足的收获，心想，这棵树的树枝能出种种好物，更何况它的根呢？我如果砍伐它的根，一定会得到比哥哥更殊妙的宝物。于是恶求令人砍伐树根。善求告诉弟弟说："这棵树是我们的救命恩人，我们在饥乏无援时，承蒙树神的救济，得以有命。你为什么要砍伐它！"善求苦苦哀求弟弟，放下砍树的恶念，但是被贪欲蒙蔽良知的恶求，一句话也听不进去。善求实在不忍心看到树身颓倒丧命的一幕，因此率领着五百侍从回家。

当树倒地，恶求及众人兴奋地挖掘树根时，五百罗刹涌地而现，取此恶求等心肝骨髓，啖食无存。

善求恶求，都是我们这颗心，一个是清净满月，一个是阴霾黑暗。如天上之月，有时新月如钩，有时一川银焰。月体始终一如，毫无亏损，只是浮云覆盖，令满室黯淡。

善求感恩树神出美饮甘露，百味食馔，上妙香衣，珍稀宝物。恶求伐树掘根，使他们丧命的不是恶面罗刹，而是他们内心的罗刹鬼怪，早就噬尽他们的良知，他们的道德。

一个有感恩心的人，就是持戒清净的人，他们少欲自足，惭愧正观。活在感恩的心灵净土中，昼夜饮食饱满，香衣披戴，璎珞珍宝庄严身形，所求皆办，悉无贫乏。

心中守信

承诺和守信，为我们找回失落的依靠和信赖，重建人们颓圮的心灵花园。

人讲的话即成“信”，人无信不立。恋人彼此立下的山盟海誓，就是一种承诺；商业往来，订定买卖合约，毁约时，就是无信；即使口头允诺他人，仍要守住信念承诺。

曾有一个人在过年前夕上街买布，为父母、妻儿添制新衣。走到东街，到了一家布店，他问：“一尺布多少钱？”老板答说：“三块钱一尺。”他想，如果现在买下来，我还得到西街去采办一些年货，背着那些布太辛苦了，就请老板先将布包好，回程再来买。

这个人到了西街，看到和东街一样布料，一尺才两块钱，便宜了许多。但他已承诺要买东街的布料，不能失信于自己最初的决定，因此，他在西街办完事以后，回到东街毫不吝惜地买下一尺三块钱的布料。

古人举心动念，都有因果的观念，人我之间以信用为先，心思单纯，少争少恼。反观现在社会的有些人，处处以自我为中心，高喊“只要我喜欢，有什么不可以？”信诺变成古老的传说；人情淡薄如纸。

事实上，山盟海誓，不只是恋人心中的美梦；人际的承诺信守，人人渴求。面对背信的处境，足以毁灭一个人的世界，使之身心残废，软弱失败。

承诺和守信，为我们找回失落的依靠和信赖，重建人们颓圮的心灵花园。大自然的春风承诺花树，他日绰约风采；天空承诺日月，遍照山泉水流；大地承诺万物，给予安稳栖息。宇宙间彼此信守承诺。人，可曾知否，海可枯，石可烂，唯有承诺一句，沧海可竭，金石可穿。重然诺的君子，美似璞玉，香过幽兰，珍逾宝石。

改过的机会

珍贵的人生只有一次，我们怎能不慎重脚下的每一步呢？

有一位慈悲的师父收了很多的徒弟，可是弟子们大都年少气盛，不了解师父的用心，常以自己的主见行事；对一些人、事、物的看法不以为然，不仅不满意现实的环境，甚至看不惯师父的作风、不接受常住的调动，而愤然地离开常住。

有一位徒弟离开常住后，到处参访十方道场，常在此山望见彼山高，到了彼山没柴烧，一路行来，他深有体悟，回想起自己的常住与师父，才觉得任何寺院都没有自己的道场好，于是回心转意，又再回到自己的常住。师父见弟子回来，斥责道："当初你不告而别，任意地离开常住，怎么又回来呢？"徒弟马上跪下来对着师父顶礼忏悔，说道："请师父原谅弟子的前念无知，赐予我悔改的机会。”

慈悲的师父看到徒弟虔诚悔过，也就不计前嫌，让迷途的羔羊重回常住了。

“人非圣贤，孰能无过；知过能改，善莫大焉。”这位师父看到的是徒弟那一份难能可贵的改过勇气，他知道改往修来、认错忏悔，就是最值得珍惜的品德。在繁忙的工商社会里，人性越来越浮躁、越来越不耐烦，只要不合我意就不顾一切后果，愤然离去，这是很愚昧的行为。尤其是有些年轻人犯了错，不仅不悔改，反而变本加厉，铸下不可原谅的过错，一失足成千古恨。想想，珍贵的人生只有一次，我们怎能不慎重脚下的每一步呢？

买肉的故事

成功，往往就在于一个人是否守信。

宋朝时，有一个徐节孝先生对母亲恭敬有礼，孝顺有加。有一阵子，由于母亲卧病在床，多日不食肉，徐节孝暗自思量：趁今天天气晴朗，就到街上去买一点肉给母亲吃吧！

走到东街，他问肉贩："这肉多少钱一斤？"

肉贩子回答："我们的猪肉三块钱一斤。"

他心里盘算着，我还要到西街去游市，要是现在买了，提在手上也很重，索性等到西街去办完事后，再到东街买吧！他便随口说："我回来再买，回来再买。"

到西街办事时，经过一家肉贩，他又问："猪肉多少钱一斤？"

肉贩子回答："两块半一斤。"

他想，虽然这里较东街便宜，但是已经承诺了肉贩，就不能反悔。办完事后，他毫不犹豫地回到东街，去买三块钱一斤的猪肉。

承诺就是信用。一个人对自己所说的一句话，是信守不渝，还是不守信诺，可以看出人格价值的轻重与对自我肯定的有无。山西贫瘠之地，晋商却可以致富过三代，成就一个个国际商人，甚至富可敌国，除了具远见、有格局外，还有他们讲信用。成功，往往就在于一个人是否守信，是否赋予一句话最高的价值。

常有人问我，为什么要出家？当时，十几岁的小孩不懂得生死，更不懂得断烦恼、度众生，只是为一句承诺。为了一句承诺，就当奉行不渝，不轻易退转、反悔，以“一言即出，驷马难追”的气魄走好自己的人生路。人生的价值，人生的宝贵，不也在此！

千金小姐万金和尚

"宁动千江水，不扰道人心。"

清朝的玉琳国师，前世是一个十不全的书记师。因为受到富家千金的羞辱，难过得想自尽。在师父一番劝导后，他不因为丑陋而灰心，天天礼拜"药师佛"，因而感得这一世庄严的身相。

一次，当朝宰相的千金要到宜兴磬山崇恩寺拜佛祈福。千金小姐的丫环提早到寺里打点。殿堂中央，丫环一副神气的模样："和尚，赶快打扫干净，我们相府千金小姐就要来烧香拜佛啦！"

刚巧遇到的是年轻气盛的香灯师玉琳，玉琳慢慢吞吞地径自打扫，不瞧丫环一眼。丫环看了火冒三丈，朝着玉琳大吼："香灯师！我在跟你讲话，你听到没有？"玉琳依旧低头不睬。丫环提高嗓门，刻意字句清晰地说："我们相府的千金小姐马上要来拜佛了，你赶快把殿堂打扫干净。”玉琳随口说：“什么千金小姐，我还是万金和尚呢！”丫环气急败坏回到相府，向小姐投诉：“小姐，崇恩寺的和尚太无礼了，我讲我们相府的‘千金小姐’，那香灯师竟然说他自己是‘万金和尚’。十个千金小姐也抵不上一个万金和尚，真是狂妄。”

丫环这话一说，反而激起小姐好奇心：“我倒要看看这个万金和尚长得什么三头六臂。”后来小姐知道这“万金和尚”就是相貌堂堂、年轻有为的玉琳后，心生爱慕，牵扯出种种感情的纠葛。

在佛门，无论男女修道都要带着清净心，彼此尊重，不因为谁比较客气，谁比较慈悲，谁比较庄严，而生起私念、爱恋的染污心，妨碍了修道。佛门有句话：“宁动千江水，不扰道人心。”意即提醒修道人当摄念护心，不妨他人办道。

崇恩寺的“万金和尚”明白爱火会烧尽清净的法身慧命，能坚持僧人立场，坚守道心，不仅度化千金小姐和丫环出家修道，还得顺治皇帝拜封为“国师”。

前世其貌不扬的十不全书记师，由于虔诚修道，感得庄严身相，更不愧一代“国师”，以德以智度化无数有情。修道人只要明白立场，戒心慎行，精进修持，必定能光亮无染无净本性，直摄佛国，映照人间。

拔除毒根

当我们愁困于生命的围城中，如何突围而出，先去看看自己的内心吧！

善心者在路边种了一棵树，小树长成高耸的大树，绿油油的枝叶，吸引路人在树阴下乘凉。然而，这却是一棵有毒的树，凡是在树下乘凉的人，回家以后，立即产生头痛欲裂、视力模糊、听觉衰退，或皮肤发痒的种种症状。

种树的人对乘凉的受害者感到抱歉，于是他把树枝全部铲除，片叶不留。一年过去，重新生长的枝叶，还是含有毒素，仍危害树下乘凉过客的健康。他不断地砍伐含毒的枝叶，枝叶砍了又长，长了又砍，还是无济于事。

村里的智慧长者告诉他："你老是砍枝砍叶，斩草不除根，春风吹又生，哪里能根除它的毒素？你应该挖掘树的根本，重新消毒处理，从根清除伤人的毒素，路人才能平安地享受树的庇荫和清凉。”

种树的人依长者所教，从根清除毒素的入侵，从此含毒的树不再是路人的梦魇，终于脱胎换骨，成为路人休息游憩的驻脚处。

除根才能拔毒，如同我们常常想用一点善事功德，弥补自己的过失，就像故事中的人，光是修剪那些枝枝叶叶，只是暂时不危害他人而已。根本的毒是我们心里的贪、嗔、痴、邪见、嫉妒等，如果不清洗消毒根本，只是白费心力罢了。

面对根本的问题，才能解开我们面临的危机，所谓“擒贼先擒王，治人先治心”。佛教有一句话“六根清净”，我们的眼贪看美好形色，耳喜闻欲乐之音，鼻恋着清香之气，舌爱尝甘醇之味，身执于柔软细滑之触。由于六根不净，使我们生起莫须有的爱憎情绪，毒害身心的宁静。

做情绪的主人，做心灵的主宰，想要医治好疾病，只是诵念着药方处笺，身体永远不会恢复健康，必须依处方去服食，病情才会稳定。当我们愁困于生命的围城中，如何突围而出，先去看看自己的内心吧！

山中修行人

浪子回头并不难，难的是我们常常放弃自己。

一位年轻的寡妇发心供养一位住在深山的修行人，使他日用饮食充足，帮他整理住处，洒扫炊煮，缝补衣物，生活无后顾之忧。由于和寡妇接触频繁，他心生染着，被情欲驱使，善法渐渐劣弱。一年后，他放弃修行，和寡妇一起离开隐居的山林。

修行人没有一技之长，找不到好的工作，最后只好在市场卖肉，勉强养家糊口。有一天，一位比丘经过市场，看见他头发蓬乱，衣衫血污，手拿着肉秤，正称肉给顾客。这位比丘原是他以前的道友，见他失去往日的光鲜和悦，切割着血污的肉块，神色宛如罗刹恶鬼。

比丘长长地叹了一口气，思维着：佛陀是实语者，凡夫心轻躁不停，容易随境而转。他先前勤修学问，谨守禁戒，是个清净道人，今日却沦为市场的屠儿，终日与腥膻血污为伍！于是比丘说了一偈：

世界上最勇敢强悍的人，不是能称起高山的重量，而是去计算心中的善恶，去恶扬善是第一善称者。

卖肉的人，听到比丘的偈语，心想，出家人又不买肉，为什么对我说这个偈语？是不是另有含意呢？他回忆起自己曾是个自在的修行人，如今和眼前的比丘两相对照，比丘像光彩炯耀的鸿鹄，自己像斗败残弱的公鸡，他望着来来往往的人潮，想着自己每日在肉秤上讨生活，难道就要这样过一生吗？他不禁悔恨交集，悲泣雨泪。于是，肉秤铿然落地，他对比丘说："我为了一念的情欲，钩牵无明的业力，今日，我将以惭愧的砣、智慧的秤，重新计量我的人生。"

他离开红尘，再次回到山里，已遍尝情爱烈火的纠葛，更珍惜此时此刻的澈然。七日后，他证得阿罗汉果。

山里的修行人，虽然一时被情欲驱使，破戒犯重，但是醒悟后，了知颠倒非实，于是旧结伏除，新业不起。每个人的一生，免不了走错一步路，浪子回头并不难，难的是我们常常放弃自己，不懂得珍惜这难得的生命啊！

只取一瓢饮

再遥远的梦想，只要从当下开始，就有实现的可能。

一群人外出旅行，走了一段路，其中有一个人喊着口渴，同伴安慰他："再走几步路，树林里有个湖泊，你就有水可以喝了。"一群人终于抵达这片树林，口渴的那个人就跑到湖边，想要取水，解除喉中的干渴。

同伴等了许久，不见他回来，生怕发生意外，就到湖边去找他。结果看他奄奄一息躺在地上，同伴问他："这一湖清水，你怎么不喝呢？"只听到他用微弱的声音回答："那么多湖水，我怎么喝得了，既然喝不完这一湖水，干脆就不要喝算了。"

愚人喝水的言行，令人莞尔！然而我们往往有这样的毛病却不自知。譬如很多人希望生活清净吉祥，受五戒时，却因为其中的一戒无法满分守持，就全盘放弃。很多人感叹生活单调无趣，却又不愿意花时间和精力去进修学习，改善内外的生活品质。眼看书太多，事太繁，永远读不完、做不完，干脆不读不做，乐得清闲安逸。

禅门中有一句话："大海之水，我只取一瓢饮。"做任何事情都是从小到大，聚少成多，高耸的大楼从平地一砖一瓦、一沙一石，慢慢堆砌而成。不要轻易放弃创造美好心灵的伟大工程！

向前跨一步，持续走下去，千里万里，终能到达终点；再遥远的梦想，只要从当下开始，就有实现的可能。

幸福的果实，属于有信心、有勇气的人。在人生的跑道上，不肯起步，没有滴下汗水，永远得不到欢呼，永远与夺标无缘。

谁比较脏

臭水沟的垃圾再多，总是有限；人心的贪欲、嗔恨、愚痴的毒素，却如恒河细沙，难以计算。

一天，老师父带着小徒弟外出传教弘法，半路上，看到一个小孩跌进臭水沟里。老师父赶快跑到水沟边，将孩子拉起来，找到一条溪水，替小孩清理身上的秽物，一遍又一遍细心地清洗着。一旁的小徒弟捂住鼻子，皱着眉头说："师父，您不要多管闲事，把他交给他的父母处理就好了，这孩子身上这么脏、这么臭，您的新衣服都给糟蹋了。"老师父听完小徒弟的话，慢条斯理地回答："这小孩子并不肮脏，你的心比他还肮脏。"

谁比较脏？老师父为跌进水沟里的小孩清洗身体，根本闻不到浊臭恶味。相反地徒弟想的是新衣服，只挂念衣服的价值，看不到小孩求助的心情。老师父之所以说小徒弟的心比臭水沟还脏，是因为一颗自私自利、不肯为人救苦救难的心，散发的是令人掩鼻的恶浊味道。臭水沟的垃圾再多，总是有限；人心的贪欲、嗔恨、愚痴的毒素，却如恒河细沙，难以计算。

如何清净我们的心？唯有将贪欲化作喜舍，嗔恨化作慈悲，愚痴执著化作智慧和自在，嫉妒烦恼化作清净欢喜，方能拥有一颗洁净纯真的心。

勺底留水

一点余水，看来不算什么，但背后含藏的心意，和经过时光累积的壮阔江海，却是不可思议，也无法度量的。

进入日本的永平寺境内，经过半勺桥，有一扇刻有"勺底一残水、汲流千亿人"的石门。

原来，道元禅师在日常用水时，勺底必定留有余水，并将这一点水再倒回谷川中。道元禅师这样的行为，弟子看在眼里很是疑惑。一次，侍者忍不住请问道元禅师其中的原因，禅师直视侍者，回道："为了让儿孙使用。"

一点余水，看来不算什么，但背后含藏的心意，和经过时光累积的壮阔江海，却是不可思议，也无法度量的。"小"隐藏的力量无穷，《法句经》有一偈说："莫轻小恶，以为无殃，水滴虽微，渐盈大器。凡罪充满，从小积成。莫轻小善，以为无福，水滴虽微，渐盈大器。凡福充满，从纤纤积。"

在气度上，佛陀更教导我们应有“四小不可轻”的观念，在修持上强调“四正勤”的重要性。凡此，无不在说明“滴滴点点”的不容轻忽。

从此出发，我们可曾反思：为了方便、迅速、享受、满足所想，我们尽一切所能征服地球，滥用资源，大肆地开发。站在这个时代来看，或许不觉得有何不妥，更忽视将会造成的灾害。然而随着寒暑推移，我们所能留给后代子孙的，仅仅是一点一点酝酿的巨大危机，与光秃败坏的大地罢了。

在追逐物质、科技的享受之余，是不是也该为了后代子孙，为我们共生的地球，为了自己，学习道元禅师在日常行事中仍旧心系众生的悲心。不论现在未来，不论有缘无缘，心怀一份慈悲，对大地、对儿孙、对事事物物都存有感恩与爱惜。发愿“勺底一残水，汲流千亿人”！

寸阴尺宝

一切心念和行事都应该有适当的节制，不放纵、泛滥，才能细水长流。

有一个日本大官问泽安禅师如何处理时间：“唉，我这个官做得真没有意思，天天都得听那些恭维的话，听来听去都一样，实在无聊。我不但不喜欢听，简直有度日如年的感觉，真不知道怎么打发这些时间？”

禅师只送给他八个字：“此日不复，寸阴尺宝。”意在告诉他，光阴逝去就不再回来了，一寸光阴一尺璧，要懂得珍惜才是！

一般人讲到“节约”只知道用东西要节约，用钱要节约，却不知道时间要节约，感情要节约，欲望要节约，生命更要节约……一个懂得利用时空的人，他明白一切心念和行事都应该有适当的节制，不放纵、泛滥，才能细水长流。

唐朝龙牙禅师以“朝看花开满树红，暮看花落树还空”一偈，道尽世间无常。有情于无常中翻滚流转，尝尽生离死别的痛苦。万千变化穷追不舍的压迫感，能不能在无常、痛苦的深层处了却，是极为奥妙的哲理。

时节的更迭本是必然的规律，花开花落也是必然的道理，当我们明白现象的本来，即能体会事物当下与每分因缘的可贵与不易，而更知道珍惜、节约，不浪费、不糟蹋。

因此古人常教诲：“莫待老来方学道，孤坟都是少年人”、“青山几度变黄山，世事纷飞总不干”、“是日已过，命亦随减”、“子欲养而亲不待”、“取之有度，用之有节，则常足”，莫不都是要我们谨慎节约，珍惜当下，尽力挥洒，好在流动变迁的人世间寻求一己安身立命之处，更而超越时空、超越对待，见得一片亘古长空的清朗明净。

非理法权天

错误的比不过道理，道理比不过法治，法治比不过权力，权力比不过天理。

有一个将军临刑前，在衣服上留下五个字“非、理、法、权、天”。他说：“非，指的是违背世间情理的事；理，是人际间的情。而合乎情理的事，不一定合法，所以理胜过非，法胜过理。但握有权势的人，可以运用权力改变法令，因此权力是胜过法制的。这个‘天’就是因果天理，不论你如何使用权势逃脱了法律的制裁，但是因果历历不爽，如影相随，谁也无法改变因果的法则。朋友！子弹只能使我的身体倒下，但是圣洁的因果之神，将与我的灵魂携手同行。”所以，错误的比不过道理，道理比不过法治，法治比不过权力，权力比不过天理。天理就是因果，因果才是最高的法律。

佛经上说：“菩萨畏因，众生畏果。”有的人多行非法事，直到锒铛下狱时，才悔不当初；有的人玩弄法律，以为一手遮天，尽管权力再大，也会有东窗事发的时候；有的人依附权位，营私舞弊，以为神不知鬼不觉，但世间的“崇高必堕落”，哪里有恒久不变的东西？因此“善有善报，恶有恶报；莫言不报，时节未到”。

有人不相信因果，认为佛教中的因果论是无稽之谈，其实只要心眼不盲，大自然的花开花落，人世间的人际往来，无不是在呈现宇宙间因果的力量。因果不是神权所能主宰，更不是用禳灾祈福求得，好因好果就在我们以善念祛恶念，以正念治乱心。

铜铃声

假使我们每个人都能在念头出入处，挂个铜铃，便能时时唤醒沉酣的睡人。

曾有位虔诚信仰佛法的妇人，每天很精进地念佛。她的先生性格暴躁，经常纵情声色酒肉。妇人虽然为她的先生忧心，人命无常，不趁有限的生命广修福德，一失人身万劫难逢。但是为了避免家庭的纠纷，她也只好等待机会，再向他宣说佛法的稀有可贵。

先生虽然不认同她布施助人，但是听到妻子念佛，倒是生起欢喜。有一次，先生不幸晕倒，幸好只是轻微中风，经过医疗，左半身稍微行动不便，仍然可以正常工作。经过这一次的病痛，这位先生对于太太热心慈善公益的抗议声较为减弱。然而他嗜食荤肉的习性，还是没有改善。

太太心里着急，先生恶习不改，日后必然遭受地狱的苦报。于是她想到先生爱听念佛的声音,于是在家门出入的地方,悬挂一个铜铃,约定进出时,必须摇一下铃,然后念一声“南无佛”,如果有人忘记,每回罚一百元。先生也喜欢太太设计的游戏,两个人相互砥砺,乐此不疲。

经过了几十年,先生命终后,堕到了地狱,狱卒们准备用铜叉捉执罪人,把他们掷入滚烫的锅中。当铜叉碰触到铁锅时,他以为是铃声,不假思索地称念“南无佛”。狱官闻之,惊异不已,地狱之中都是愚痴迷暗之人,怎么会有念佛的声音?当狱官寻到念佛的来处,拍案判决说:“此人心田尚有微分善法,仗此功德,应得生人中。”

铜铃声,把一个人从黑暗的地狱救出来。我们眼目被色欲充塞,因此有眼不明,有耳若聋,看不到众生的愁恼,听不到诸佛绵绵的密语。这一声铜铃,象征我们觉醒的清净一念。

假使我们每个人都能在念头出入处,挂个铜铃,便能时时唤醒沉酣的睡人。这个铜铃,只要能使你从迷到觉,由弱转强,消苦成乐,解愁化恼,抛却万千心事,就好比暗夜的明灯,渡人上岸的航舟。

惭愧心

维系世间人伦的纲纪，就是“惭愧”，惭耻之服，无上庄严。

有一只猫偷吃邻家的饭菜。第一次，它觉得心情不安，满心的罪恶感。它向着母亲的遗像忏悔说：“妈妈，您从小教我要做一只清清白白的猫，不可以贪求人类的东西，我真该死，做了这种事。”它呜呜地哭着，心中不断告诉自己，不可以再当小偷了。

第二次偷吃时，它开始自我安慰说：“反正饭菜那么多，他们也吃不完，我不过是‘帮忙’而已！”

第三次偷吃时，它理直气壮地告诉自己：“谁叫他们不把饭菜收拾好，一再地引诱我上门，这不是我的错啊！”

第四次偷吃时，它还慷慨激昂地发表高论：“猫的社会充满贫富不均，需要重新分配社会资源，我就是执行正义的使者。”

第五次，第六次，第七次……猫，像个上餐馆点菜的顾客，大摇大摆地跳上桌子，大口享用邻人的饭菜。

暗路走多了，难免碰到鬼。有一天，猫被巡逻的警察发现。临上警车时，猫对着围观的群众说：“我可不是小偷，我是一个高贵的正义使者。”

猫第一次偷吃，心里感到羞愧难安，这一份良知，不久又被欲望的潮水淹没了。佛陀曾经说过，维系世间人伦的纲纪，就是“惭愧”，惭耻之服，无上庄严。当今社会上的一些偷盗、贪污、欺诈现象就像猫偷吃的心理过程一样，一次又一次为自己犯下的过错，寻找各种借口。一个没有惭愧心的人，什么坏事都能做出来。自私的人心，需要净化；沦丧的道德，需要重整；失落的良知，需要找回，社会才能安定、和谐。

不吸毒

不吸毒，和自己美好的生命立下誓约。

我这一生在台湾全省传授五戒戒会不下千百次，从寺庙到体育馆，甚至到监狱。每次传戒前，我都先安排座谈会，使受戒者了解戒的真谛，破除对戒的莫须有的恐惧。因为，戒，不是捆绑我们身上的束缚，而是攀登生命高峰时的救命绳索；戒，不是喝止我们的声音，而是慈母对亲儿的呼唤、温柔的期许。

受戒者，对于五戒的不杀、不盗、不邪淫、不妄语，都比较有信心受持。有所顾虑的是不饮酒戒，这项戒律并不容易完全禁止。比如，做菜时洒一点酒，增加美味；炖药要有酒，增加效用；应酬往来，水酒一杯，增进情谊，要断绝酒的入侵，谈何容易？

其实，从饮酒戒的意义来看，佛陀要我们远离的不单是酒类，一切伤害我们理智、戕害我们身心的东西，例如，吸食强力胶、安非他命、烟麻等，一概要自制，不与之为伍。

因此，所谓饮酒戒，首先做到不醉酒、不酗酒、不劝酒，就能够身心清明，不逾矩，也不会伤害自己、侵犯别人。而不吸毒，是和自己美好的生命立下誓约，做一个不躲在吸毒幻境里的人！如果沉浸在毒品虚拟的仙境，当梦醒时刻，才发觉亲人失散，知交零落，憾恨已如潮水，懊悔莫及。

美好生命，如烂漫花季，如素净山泉。如果土地渍入毒液，水源沾上泥沙，如同一季千红早夭，一泓清泉死寂！

戒，其实是最好的环保专家，为我们预约美好的今生和来生。它保持我们的水土养分，洁净我们眼耳鼻舌身意的污染，修剪我们生命的荒芜，强大我们的枝干，任冬雪秋霜吹袭，依然曳曳生姿，与天地婆娑共舞。

木头与蛀虫

只要基础稳固，开始谨慎，细微处不疏忽，还担心不能成就大事？

有一根木头上，忽然来了一只小小蛀虫，整日在木头身上爬东爬西。木头不耐烦地对蛀虫要求："蛀虫！不要在这里爬来爬去的，你那么小我这么大，你那么软弱我这样坚实，如果我动一动，会把你压扁、压死的。"

蛀虫用力拍胸膛一下，大声应："木头！你不要自充老大，不要看我小，我可以把你一口一口咬烂，咬成木屑。"

木头哈哈大笑："蛀虫，不要信口雌黄，你哪里有这个能耐。"

蛀虫笃定地说："我们不妨试试看。"

于是蛀虫开始蛀食木头，晨昏也蛀，阴雨天蛀，艳阳天都蛀。日积月累的岁月当中，终究让蛀虫把木头蛀成了木屑。

常人易犯轻视他人、看重自己的毛病，被“我大你小”“我强你弱”的囚笼禁锢住思想，最后倾塌成粉细木屑。大不怕小，妄自尊大。小小蛀虫也会把大木头蛀毁，小小水滴也能穿透坚石，一粒老鼠屎都能坏臭一锅粥，一个坏人可以搅得团体天翻地覆。就像人类体内细微到肉眼都无法视得的细菌，一旦传染侵蚀，八尺之躯都会朽坏倒下。小，威力无穷，实在不容轻视！

佛陀在《未曾有经》开示：“如天雨滴，后不及前，虽不相及，能满大器。修学智慧，亦复如是，从微小起，终成大器。”修学佛法如是，做人做事如是，凡一切事物亦复如是，都得从小处着手，大处着眼。只要基础稳固，开始谨慎，细微处不疏忽，还担心不能成就大事？由小而大、由细微处着手，就会像倒吃甘蔗，愈吃愈香甜。

何谓大师

"名实相符"才不致损财害身，乱了社会人心。

何谓"大师"？大师，是佛门的称谓，有其规范。佛教里还有"法师""论师""禅师""经师""律师"等等，因为有佛法内涵，"以法为师"，或"论议"或"讲经"或"参禅"或"持律弘律"等而得名。

丛林里，大师并不一定指伟大或年纪大者；大师也指发大心的人、有学问的人等。像看到一个小沙弥来了，我们也会问他："这位大师从哪里来？"或者比丘尼来寺参访，也问："大师从哪里来呀？"

发大心的菩萨行者都可称为大师，像观音大士、文殊大士都还是叫做"有学位"，而不是"老师"；"老师"是要教人，"大师"则还在学习。

社会上，"大师"者即专家，各行各业里都有因发心学习而成就、成为专家的大师。比方，国画大师张大千先生，我们尊他为张大千大师；黄君璧先生，称为黄君璧大师。

佛教界相互称名都会冠上“法师”，佛光山一千三百多个出家弟子之间，彼此都是互称“某某法师”的，“法师”也就成为一种通称了。因此徒众以我开创佛光山，而提议称我“开山大师”，“大师”之名便由此而生。

纵使称谓只是假名，也不能胡乱命名。比方“禅师”，懂得丛林规矩者就知道在家居士不可称作“禅师”。眼观社会，常有人自称“无上师”，滥称“活佛”、“大德”都是不如法的，佛法当有现代化的发展，也应坚持传统。佛教有大师、法师、禅师、论师、律师种种称谓，政府若能订定宗教法规范，教界依循而做，定能维护正法，维系社会安定，而不致乱象丛生。

随师修道不要为假名、假象迷惑，重要的是我们对“师父”的见解与成就，心中要依正法评鉴，判断是非善恶，“名实相符”才不致损财害身，乱了社会人心，更断送自己的法身慧命，何苦来哉！

慈悲、喜舍、
惜福、结缘，
为自己的心
找一个幸福的家。

自持自制，
剪去拴住我们心的无形绳索，
人生才能活得潇洒自在。

历遍千山，

别忘了回头省思自己的言行，

是否不忘初心、不违初规。

用慈悲的天平称量自己的

行为、语言、心意：

你有多少斤两的慈悲心？

把眼睛收起来

收起眼睛，看住我们的心。

记得少年的时候，我在大寺院丛林里参学，每到下午，几百人鱼贯进入大殿做晚课。如此盛大的队伍，总是引起游客的注目。他们站在大雄宝殿外，对我们好奇地指指点点。偶尔也有一些初入道的沙弥，生活威仪、行止规矩都还没有习惯，遇到游客好奇地张望，难免跟着调皮地观望。

有一次，一个沙弥瞪大眼睛，随着游客的目光，心猿意马。巡视的纠察师父一看，就大吼道："把眼睛收起来。"意思就是要那个沙弥眼睛不要乱看。可是门外的许多游客会错意，以为纠察师父是教训他们，把"眼镜"收起来，所以一个个赶紧摘下眼镜，还争相谈论着："这个寺院好严格，管理得很认真，连眼镜都不能戴。"

眼观鼻，鼻观心，菩萨的眼睛都是敛目低垂，不向外看，不随外相东飘西荡。眼睛每天都在看，看形形色色、胖瘦长短；看是非闲事、恩怨愁恼；看权位高下、身份贵贱。一生，我们只看到青红紫绿，看不到自己心灵的本色。

眼睛收起来，重新调整内在的焦距和光圈，才能映现出人生真正的风景。收起眼睛，看住我们的心，非法非礼勿视，不贪看，不乱看，澄静内心的千丈浪雪。当迷醉的双眼苏醒后，当下曲径荷塘婉约，水晶帘下，明月依旧。

江户一尊归

心意清净，所言所行就不离正道。

一九三八年，月基法师为了保护在栖霞寺避难的百姓，对当时驻守栖霞镇的日本军官，也是他东京帝国大学的同学山田，说了一段故事。

有一年，一个日本代表团造访栖霞寺，其中有一位老太太辗转得到一尊佛头，并将佛头请回家供奉，虔诚礼拜。几年后，东京发生大地震，周围的房子无不倾颓倒塌，唯有老太太家安然无事。当天晚上，佛头托梦告诉她："之所以你一家能安然度过这次劫难，是因为你平时懂得行善助人。……我的身体还在中国的栖霞寺，而我在这里功德已圆满，请你把我送回中国。"

老太太的儿子是日本外相，为了证实这件事，打电报到南京政府询问，才知道栖霞寺后面的千佛岩，确实曾经遗失过一尊佛头。于是，老太太赶紧带着佛头到中国，送回栖霞寺。当年迎接佛头回山的梁士诒还为此题写了一幅对联：“摄山千佛古，江户一尊归。”

“积善之家必有余庆。”平时多做好事、存好心、说好话，累积福德、广结好因好缘，一旦需要帮助的时候，自然会有助缘；一旦有了灾难，也能化险为夷。然而常人往往祈求佛祖保佑一家平安、事业顺利等，一味将自身的大大小小的“愿望”寄托给诸佛菩萨，殊不知祈求之外，自己平时的耕耘更是不可或缺的。

曾经，迦叶问阿难：“何等偈中出生三十七品及诸法？”阿难便说：“诸恶莫作，诸善奉行，自净其意，是诸佛教。”更进一步说明：“诸恶莫作，戒具之禁，清白之行；诸善奉行，心意清净；自净其意，除邪颠倒；是诸佛教，去愚惑想。”心意清净，所言所行就不离正道，都是以善对人，因而能广结善缘、积聚善因、庄严自身。

“去恶为善”看似容易，要能确实做到并不简单，莫怪鸟窠禅师要说“三岁孩童虽晓得，八十老翁行不得”！

四小不可轻

小，并不渺小，都是平等的共同生命体，独一无二，应该受到护念和尊重。

一般人常常有看轻别人的毛病。见到一个人只有小学学历，就看不起他，认为他没有什么知识，没有傲人的财富，何必和贫贱的人交往；对方没有社会地位，便不屑与此弱势的人结交；对方是个小孩子，以为言语上不必尊重，不需注意礼貌。习惯用学历、金钱、权势、身份去称量他人的轻重，决定自己的脸色和态度，只看一时的表象，不知道人世的“无常”。殊不知小学的学历，不等于没有知识、没有见解；贫贱弱势者，或许不会永久如此，也会有转弱为强、突破生命困境的一天；无知孩童，他日或许是国家的栋梁人才，何必只看到此时此刻，就武断别人未来的成就呢？

佛教中有所谓“四小不可轻”，要我们具有宏观的心灵，去看待世间的万事万物。是哪四种微小的东西不可轻视呢？

第一，星星之火不可轻。一点星火，可以烧毁整片森林，瞬间便可夺去许多人命和财产！

第二，小龙不可轻。小龙日后能成大龙，吞云吐雨，兴风作浪，无所不能。

第三，小王子不可轻。小王子长大以后，登上王位，具有国王生杀百官庶民的大权。

第四，沙弥不可轻。年幼的小出家人，今日虽然不谙经论修持，有朝一日，悟道成就，或可成为人天礼敬的大法王。

当我们面对微不足道的小人物时，不可心生轻慢；一草一木，都要爱护珍惜；点点滴滴的福德，更要惜福结缘。小，并不渺小，都是平等的共同生命体，独一无二，应该受到护念和尊重。

世间最长久的是什么？千金会散尽，权势会堕落，恩爱会幻灭，名利会沦丧，唯有我们这一颗平等的真心，真实不变异。大小有无，恩怨爱憎，真心能平等包容；河沙大千，微尘世界，真心能无碍融和。

小小的一颗心，三千宇宙，涵盖其中。小小的一颗心，大如须弥山，广如四海水，它穷尽碧落黄泉，遍及河沙尘众。

四小不可轻，打开我们内在的“天眼”，观赏无云万里天。

不沉的石头

存好心做好事，不仅使自己的石头不沉，也能帮助别人得度。

石头丢到海里，必定是石沉大海，世界上有浮在水面不沉的石头吗？有，将石头摆到船上，它就能够不再沉落了。

很多人一生的言行造了不少罪业，而罪业就好像石头，这个石头一定会堕入水中。如何使犯下的错误，能有修正改过的机会，唯有乘上佛法的船筏，这艘船筏就是六波罗蜜：布施、持戒、忍辱、精进、禅定、智慧。以布施消除悭贪的罪业，以持戒消除杀生的罪业，以忍辱消除傲慢的罪业，以精进消除怠惰的罪业，以禅定消除不安的罪业，以智慧消除愚昧的罪业。用法水洗净罪业，使自己不再沉沦。

过去，我们超度往生的宗亲，意在借用功德之力，使他们同登法船，不堕入苦海中。然而，我们不一定要子孙替我们超度，今生我们可以先超度自己。多行一点慈悲，慈悲是我们未来的船；结缘布施，这些功德就是我们的船；念佛修行，清净的信仰也是我们的船。为自己建造一艘稳当的舟船，使自己得度。

不沉的石头，象征生命的一种希望和转机，生命中的错误，不是永久的无期徒刑，可以有改过向善的机会，而不是永无止期。

得度的舟船，靠平常善业的聚集而成，存好心做好事，不仅使自己的石头不沉，也能帮助别人得度。世间的石头虽然会沉落水中，但是不要轻易放弃得救的因缘，何不为自己造一艘大船，安全行过人生的惊涛骇浪。

前世今生

求健康长寿，要慈悲护生；求财富利益，要肯布施结缘。

有一些人基于对前世的好奇，他追忆探求自己的前世到底是什么面貌？面对未来更是茫然不安，常借由算命、看相、卜卦等，去臆测未来的祸福。我常想，人的过去，无从弥补；人的未来，遥不可及，为什么不把握今生的因缘呢？

佛教不是宿命论，没有任何神祇可以主宰我们的命运，所谓“欲知前世因，今生受者是。欲知未来果，今生作者是”。你要明白前世的种种，不妨看看今生的遭遇，若逢贫困不遂，要用忏悔的法水洗涤，惭愧过去伤害了别人，如是如意顺利，也要懂得惜福结缘，不要浪费自己福德的存款。

所谓前世今生不是命运之神在操纵，它是世界宇宙的因果法则。种什么因，结什么果，谁也违背不了因果的规则。求健康长寿，要慈悲护生；求财富利益，要肯布施结缘；求眷属和乐，要忍让第一；求智慧聪明，要远离烟酒毒品。

佛经里说："菩萨畏因，众生畏果。"觉悟的菩萨他慎于开始，毫末小恶不敢违犯，刚强的众生，放恣身口意业，只有看到报应现前，才开始畏惧悔恨。浩瀚的佛经有九千多卷，其实只要我们能谨守这八字真言："诸恶莫作，众善奉行。"即可消灾免难，如意安康。

为心找一个家

善人如沉香，和他们交往，日久必然相濡相染。

佛教里的“熏习”，就是“近朱者赤，近墨者黑”的意思。过去的妇女，为了让衣服有香味，就弄香来熏爇，使衣服飘送怡人的馨香，这也是熏习。熏习是一种感染力，一种影响力，使我们的面貌心灵产生美妍鄙陋的差别。

常有人问我：“我的心地很善良，为什么一定要到寺院去参加法会、拜佛念佛，和信佛的人交往呢？”你的心虽然此时善良得像个天使，谁能保证下一秒钟，因为某些恶缘的牵引，你会堕落变成狰狞的恶魔呢？拜佛念佛是善美的熏习，看着佛菩萨的慈眉善目，念着佛菩萨清净的圣名，像明矾一般，能够洁净我们内心的杂质。

我们去鱼市场，摸一摸鱼，双手便沾满腥味；我们到香铺买香，轻触香料，双手就散发清香。所以善人如沉香，恶人如鱼腥，我们和他们交往，日久必然相濡相染。

熏习，可以香满海水，可以恶臭三千，我们的心，选择在哪里居住，香水海还是鱼市集？就在我们自己的选择。佛经中有所谓“诸上善人聚会一处”，善人聚会，心如净莲，自然念的是慈悲、喜舍、惜福、结缘的种种善念，因此极乐世界的人，都是莲花化生，无有垢秽。

有人说，三十岁以后的脸孔要自己负责，光靠整形美容，换来的只是年轻的皮相，唯有善美的熏香环境，即使面皱发白，令人百看不厌。为自己的心找一处宁静的殿堂吧！

白面灶神

黑面、白面灶神，都在我们善恶的一念之间，由秽转净，端看我们心的炉灶，烧的是何种材料？

中国人在冬至有个民间习俗，就是“送灶”——把灶神送上天去。送时，灶的边上会贴着一副对联，写着“上天言好事，下界保平安”。一般供灶神要用糯米汤圆，因为汤圆口感黏着，意谓着请灶神上天时不要随便说话，用汤圆把嘴巴黏起来，要他守口如瓶，尽量报告人间的善事。

有一年，灶王爷遵循往例，向玉皇大帝拜年，并且报告人间的善恶事情。灶王爷来到玉皇大帝的金殿上，打躬作揖说：“天帝，小臣拜见您了。”玉皇大帝一看，这个白面书生，怎么没有见过？“你是谁？跑到这里做什么？”灶王爷回答：“玉皇大帝，您连小臣都认不得吗？我是人间的灶神呀！”天帝大怒：“你一个白面书生，竟敢冒充灶神，灶王明明是黑脸，怎么可能变成白脸呢?”灶王说:“天帝，您有所不知，现在人间和往昔不同了，以前是烧木材煤炭，熏得我满脸乌黑，现在人间都是烧瓦斯，没有半点烟雾，我的脸自然变得白净。”

黑面灶神能变成白面书生，同样的，当我们的内心不再燃烧贪欲、嗔恨、愚痴的乌烟障气，我们的心也会还原成素净无染。我们希望每年灶神“上天言好事，下界保平安”，用汤圆黏他的嘴巴，其实是掩耳盗铃的心态，自己肯改掉一些恶习，多行一些善事好缘，又何必辛辛苦苦地去黏住灶神的嘴巴?

黑面、白面灶神，都在我们善恶的一念之间，由秽转净，端看我们心的炉灶，烧的是何种材料?

三戒就可

简单一点，从身外之物到心内方寸，必定能享有纯净恬美、轻安无忧的世界。

在佛教的戒法中，男众比丘有两百五十条戒，女众比丘尼有三百四十八条戒，在家信众要发心学菩萨道，也要受菩萨六重四十八条戒。戒条如此微细繁多，信心不足的人，一想到几百条的戒，心生畏惧，就不肯出家学道了。曾经就有人向佛陀表示："佛陀，我想出家做沙门，但是想到要遵守两百五十条戒，实在没有足够的信心啊！"

佛陀回答说："善男子！你要发心出家，条件很简单，你不必受两百五十条戒，只要严守三戒。那三戒呢？第一条，身不做坏事；第二条，口不说坏话；第三条，心不动恶念。"这个人一听，原来戒律是那么单纯和直接，欢欢喜喜地跟随佛陀出家。

千百条戒律，其实统摄于身、口、意三业，只要守住身行端正不佞、语言质直柔软，心意正念正观，就不会违反两百五十条戒了。

现代人生活在此复杂的社会，是是非非、恩恩怨怨难了，要有佛陀的智慧——“化繁为简”，不徒增自己的困扰。千差万别的形形色色、长长短短，要像虚空本体不动，任万象生灭。

在工作上简化行事流程，增加效率成果；语言简单，减少耳语传播，流长蜚短；心意简单，消除彼此猜疑和不安。简单一点，从身外之物到心内方寸，必定能享有纯净恬美、轻安无忧的世界。

象牙筷子

唯有节俭才是富庶康宁之道。

商朝有位贤者，名叫箕子，他是殷纣王的叔父。箕子在辅佐殷纣王时，有天，看到纣王吃饭用象牙筷子，箕子忧心忡忡。他的朋友见他如此，就问："只不过是一双象牙筷子，值得你这样寝食难安吗？"

箕子说："你看到的，只是纣王用了一双象牙筷；我看到的，却是纣王浮华的未来。你想，当吃饭用象牙筷时，他会用土钵盛饭吗？一定会设法弄来犀牛角或美玉做的碗盘，才能与象牙筷搭配嘛！而精致的犀牛角和美玉做的碗盘，绝不会用来装蔬菜、萝卜，必定要想法子装山珍海味、稀奇肴馔，才会觉得不辜负了珍贵的餐具。如果吃的都是佳肴奇馔，那么，你还寄望他会安于穿着朴素的棉布衣，在茅草屋里用餐吗？他必定会想要穿着绫罗绸缎、锦衣绣袍，住在豪华深宫里享受了。这些都是可以预见的结果，也是我现在担忧恐惧的原因呀。”

果不其然，过了五年之后，殷纣王真的建了一座美丽的园子，挂满了肉，以供随时享用；设了炮烙之刑，以虐人为乐；拥有一个用酒糟堆成的山丘、一个特设来装酒的池子，每天流连在酒池肉林中，过着奢华逸乐的日子。没过几年，殷商就灭亡了。

《根本说一切有部毗奈耶杂事》提到放逸有五种过失：一者，所有财宝、受用之物悉皆散失；二者，所到之处，情生愧赧又怀怯惧；三者，恶名昭彰；四者，临命终时心生悔恨；五者，命终之后堕于地狱，饿鬼傍生。商纣王后来有没有堕入恶道，我们无法确切知道，但他因为奢华、暴虐而失去国家，甚至恶名流传数千年，倒是众所周知。

近年来社会富裕，科技进步，经济挂帅，鼓励消费，却忽略了在追求新颖与流行的过程中，糟蹋可观的物资，造成大量浪费的现象。自古被视为美德的节约惜物，已逐渐被社会所遗忘，忘了唯有节俭才是富庶康宁之道，这就不免让人感到忧心。

所谓“由俭入奢易，由奢返俭难”。过惯富裕的生活，离奢靡也就不远了；一个过度奢靡的人，还能寄望有更美、更有意义的心灵提升吗？

谣言可怕

君子笔下有德，口中有德。

有人说，"说谎"超过三十次以上，谎言也成真理。

曾经，曾子的母亲正在织布，忽然有一个邻居匆匆地跑来："不得了！不得了！你的儿子曾参在东街杀了人。"

"我的儿子不会杀人。"曾母一点都不动心，还是很镇定地继续织布。

过了一会，又有一个人急急忙忙地赶来："糟了啊！你的儿子杀人了。"

这回，曾母心想：会这样吗？但是还是说："我的儿子怎么会杀人，你说的恐怕是别人吧！"

又过了一会，一个人急忙地奔来："曾参杀人啦！"

曾母一听，不禁心生疑惧：真是这样吗？

她赶快把织布机一停，跳过墙垣往现场跑，一探之下，才知道杀人的是鲁国费邑另一个也叫曾参的人，而不是她的儿子。可见得亲如母子，就像信赖儿子贤能品德的曾母，经过三个人的传告，也会相信“谎言是真理”。

过去蒋经国先生说过一段故事：日本派遣一架飞机轰炸台湾，乙问甲：“多少飞机？”“是一架飞机。”乙听不清楚，听作十一架飞机，当他转告丙时，说：“就是十一架飞机。”丁又问丙：“多少飞机来轰炸？”丙回答：“九十一架飞机。”从一架飞机传到九十一架，可见得谣言的可怕。

君子笔下有德，口中有德，不会“好事不出门，坏事传千里”，将本来没有的事渲染得极其夸张，因为他们懂得爱护社会国家，爱护自己，爱护真理；他们懂得尊重别人，也受人尊敬。正如《大智度论》所说：“实语者，是诸善之本，生天因缘，人所信受。行是实语者，不假布施、持戒、学问，但修实语，得无量福。”有德之人洁身自爱，因为能维护他人的尊严，自能在内心建设一片净土，清净无染，莲花摇曳。

心里的坟干了

礼法只能约束一个人的身体，不能维系住一个人的心。

春秋战国时代，百家争鸣，老子和庄子是放旷逍遥哲学家的代表。尤其庄子“晓梦迷蝶”的典故，一直是许多人不断探究的问题。有这么一则关于庄子的故事：

有一天，庄子夫妇外出旅行，在幽静的乡间小路愉快地散步。两人走到山坡上，看到一个妇人拿把扇子，对着新坟大力地扇动。庄子很好奇，上前问说：“大嫂，你为什么在这里扇着坟上的泥土呢？”妇人叹了一口气说：“你们有所不知，我们这里的风俗，女人死了丈夫以后，一定要等到坟上的土干了才能改嫁。我在这里扇风，让坟土快一点干。”庄子听了以后，哈哈大笑说：“大嫂，不用扇了，你心里的坟土早就干了，你可以改嫁了。”妇人听了庄子的话，喜出望外，丢下扇子，向庄子道谢后，踩着轻快的步伐离去。

扇风的妇人高兴地离开后，庄子的夫人不以为然地对他说：“你是个读书人，受到众人的尊重，你不教导那个妇人遵守礼教道德，反而却要她早一点改嫁？”庄子幽默地回答：“太太，礼法只能约束一个人的身体，不能维系住一个人的心。那个妇人心中的坟土早就干了，现在不改嫁又待何时？”

这则故事原是隐喻世间男女恩爱无常，没有永恒不变的爱情誓约。以另一个角度看，我们想要成就某件事，光是努力地扇风，希望泥土快干，何不心里先准备妥当，因为苦候机会上门，不如迎向机会。

只要你心里冷湿的泥浆干燥了，就是吉日良时的“破土大典”，便可开始建筑坚固的地基，使它层层相叠，成就生命的高楼风景，逍遥地迎晨曦、送夕阳。

心时时准备好，就像蓄满电力、加足燃料，随时可以上路的汽车，追逐远方的梦想，饱览生命的山光水色。

信诺的重要

诚实才是做人的根本，不能把教养视作一句儿戏、一句玩笑话。

在幼儿的心目中父母是伟大的，是至善、至真、至美的，因此他们对父母亲的言行举止不会产生怀疑，且形成一种学习的作用。倘若父母行不正、话不实，对孩子的人格将会产生无法言喻的伤害，就以“曾子杀猪”来谈。

一日，曾子的小儿吵着要和母亲一起去赶集，曾子的妻子碍于市集路途遥远，带着小孩不方便，于是随口哄哄：“如果你不闹着去，回来我就杀猪给你吃。”小儿猛点头，高兴地答应了。

中午，曾妻回来。曾子说：“可以杀猪了。”

曾妻摇头，说：“现在把猪杀了，过大年没猪肉吃，怎么办？”

“你不是答应孩子给他吃肉吗?”

“那只是哄孩子的话,你真把猪杀了?”

“对孩子讲话要守信用,你这样是教孩子骗人嘛!”

曾妻这才答应曾子杀猪,以兑现对小儿的承诺。

曾子坚守对孩子的承诺,维护曾妻母亲的形象,甘愿过年没肉吃。没肉吃的损失是小,孩子内心的伤害却无法计量。对儿女的教育不能一味地溺爱,常行哄骗之法,平息了一时的吵闹,却种下人格歪曲不正的恶因,岂不是得不偿失?

小儿纯白的心地,父母可看得见被自己错误行为逐渐染污的危机;受欺骗成了习惯,长大不但容易受人欺骗,也会欺骗别人,因为从小的教育,孩子的价值观念产生偏差,以为欺骗是正当的行为。

诚实才是做人的根本,不能把教养视作一句儿戏、一句玩笑话。人生,难道就是一句句儿戏、玩笑话累积而成的吗?如果在家庭教育的阶段没有建立良好的人格基础,孩子的未来,恐怕将会一路荆棘遍布、砂石遍地,聪明的父母是否看到了呢?

高缭失职

能够看到小事的力量，小细节的不容忽视，才能成其伟大。

面对别人的指正，我们是否能够坦坦然然、欢欢喜喜地接受，甚至诚实面对自己的一切善恶得失，毅然改过？一旦身居高位拥有权势地位时，还能谦卑接纳他人的批评指教，不自满自傲，不力图保住自己的面子吗？

《老子》说："不自见，故明；不自是，故彰；不自伐，故有功；不自矜，故长。"一个人能受人敬重，处处都有好因缘，正因为能够不矜不伐，不自以为是，不骄慢自恃。春秋时代，齐国名臣晏子便是如此。

高缭在晏子手下为官三年，晏子想辞退他。左右的人规劝晏子说："高缭侍奉先生已经三年了，从来没有给他什么爵位，现在却辞退他，似乎说不过去。"

晏子面目肃然，词严义正地说道："我晏婴是一个褊狭浅陋的人，需要周围的人加以扶助，这样才能做得公正无误。现在这个高缭跟随我多年了，从来没有纠正过我的过失，因此我要辞退他。”

何谓“君子之道”？子思在《中庸》里阐明：“辟如行远，必自迩；辟如登高，必自卑。”成功的果实，必须经由点滴灌溉而能成熟，任何人、任何事物都是如此。因为能够看到小事的力量，小细节的不容忽视，才能成其伟大。

晏子以为领众、行事都应该公正无私无误，分毫马虎不得；更明白“以人为鉴”的重要性，不贪下属的阿谀顺意，反认为敢于直谏才是称职。晏子这等胸怀，莫怪孔子也赞叹：“救民百姓而不夸，行补三君而不有，晏子果君子也！”

千金之剑

守信用的人，必然也是重情义之人。

春秋吴王寿梦第四子季札，在中国历史上最为人称道的是三让王位于兄长，其明礼有德行，与泰伯、仲雍被世人尊为“至德三人”。司马迁也评议：“延陵季子之仁心，慕义无穷，见微而知清浊。呜呼，又何其闳览博物君子也！”季札之德，在西汉《新序·节士》里也有一笔。

季札出使晋国时，路经徐国，顺道拜访徐国国君。徐君对季札佩带的宝剑很是喜欢，但始终没敢开口表态。季札心里明白徐君心意，虽想割爱，但是考虑宝剑是使者必备的信物，也只有暗下决定，等任务完成再回徐国，献宝剑给徐君。

谁知世事多变，等季札再回到徐国，履行“心”诺时，徐君已经去世。季札只得把宝剑致赠徐国嗣君，侍从见状赶紧制止，说：“这把剑是吴国之宝，怎么可以赠送他人。”季札才说明当时情形与内心的决定，并表明：“如果因为徐君已死而不献剑，是欺心。爱剑伪心，非廉者所为！”

然而吴国嗣君以“先君无命”为由，不敢接受。季札只好亲自到徐君墓前，解下宝剑系在墓前的树上。徐国人闻知季札之举，无不颂扬：延陵季子兮不忘故，脱千金之剑兮带丘墓。

季札挂剑，是因为忠于心中许下的承诺，反观现代的社会，功利主义抬头，夫妻轻言别离，亲友动辄反目成仇，少有情义，实在令人感叹人心不古。

中国的传统文化，一向视信义为维系世情伦常的道德，认为守信用的人，必然也是重情义之人。古人以“一言九鼎”、“言忠信，行笃敬”来表示对信义的重视，而在季札心里信义要比千金之剑更宝贵。时下能有几人明白，失信、失情、失义，纵使坐拥一城的财宝，享受一时小利，也不值千古的赞扬与人格的尊贵！

三人成虎

谣言止于智者。智者越多，社会就越能安定与祥和。

战国时候，各国之间争战不停，国与国之间也常订定各种盟约，当时常会将太子交给对方做人质，以表示能够信守盟约。魏国有位名臣叫庞恭，他奉命陪魏国的太子去赵国的都城邯郸当人质。临走之前他对魏王说：“如果有人跑来向你报告，说熙熙攘攘的大街上出现老虎，大王会相信吗？”魏王摇头说：“我当然不信。”

庞恭又问：“如果接着有第二个人来跟你说，大街上出现老虎，您信不信？”魏王迟疑了一下，还是摇头说：“我还是不信。”庞恭接着又问：“那，又有第三个人急匆匆地来跟您说，大街上出现老虎，你信吗？”魏王回答说：“那我就不得不信了。”

庞恭说："热闹的街市上不会出现老虎，这是很明显的事，可是经过三个人一说，就让人不得不相信；现在赵国离魏国可比街市远多了，而在大王身边的人，又何止三人？我出使邯郸之后，不知道会有多少人议论我，希望大王明察。"魏王回答说："你不用担心。"于是庞恭就跟太子到赵国去了。

果然如庞恭所料，他一离开魏国，就有许多人到魏王的面前议论他。过了几年，庞恭回国，已失去魏王的信任，再也没有召见过他。

佛教的五戒中，有一条戒妄语，妄语包括两舌、恶口、妄语、绮语。两舌就是说离间语，说莫须有的话，离间别人互相间的信任、感情；恶口就是骂詈恼人的话；妄语就是不诚实的语言；绮语就是指一切不正的言词。谣言是两舌，也是妄言，它具有可怕的杀伤力，小则污染心灵，大则丧邦灭国。

据《法苑珠林》记载，妄语会有两种不好的果报：一为多被诽谤，一个说话不诚实，常妄语无信的人，也会常遭诽谤；二是常被人骗，一个专以妄语欺诳别人的人，日后也会常被他人诳惑。

有智慧的人，除了自己不妄语，面对道听途说的八卦新闻、流言蜚语时，也要有敏锐的判断力，能够过滤虚妄不实的话，且不再传与他人，使自己成为谣言的散播者。谣言止于智者。智者越多，社会就越能安定与祥和，越能累积向上提升的力量与动力，这才是众人之福。

第五伦的私心

以自身的行为举止教人，要比口说能够让人信服。

第五伦为东汉京兆长陵人。汉光武帝年间，他出任会稽太守时，虽居一郡之长，仍然亲自锄草喂马，妻子下炊做饭，更将自己的俸禄，只留下一个月的食粮，剩下的全数济助贫苦百姓生活之用。

汉章帝时，第五伦做司空。由于他为人憨直，奉公尽节，言事从不违心阿附，更善于识才、举才，深得百姓及官吏的爱戴。

曾经，有人问他："你有没有私心？"

第五伦回道："曾经有人送给我千里马，被我拒绝了。此后，每当朝廷让我们三公选荐人才时，我心里总是想到这个人，不过我始终没有举荐他。侄子生病了，我一夜去探望十次，回到家倒头就睡；但我儿子生病了，我虽然不去探望他，可是却整夜睡不着。依你说，我有没有私心？”

私心，是人之常情，但看我们怎么表现，如何权衡。有人因私心滥用公权、徇私舞弊，也有人以大局、以国家为重，私情是其次。就像第五伦拒绝贿赂，不让自己陷入利益私交的囚牢中；儿子生病时，他坚持原则，却不失情义。

第五伦处事为人的耿直不阿，以及对百姓的仁德和慈悲，教人尊敬，更是每一个为官者、为师者、为上司者、为父母者，甚至为朋友者、为兄长者……应当引以为学习的榜样。

诚如第五伦一次向汉章帝上疏时，提到：“其身不正，虽令不从。以身教者从，以言教者讼。”推行政策，教人以善，关怀百姓，爱国爱社会等等，以自身的行为举止教人，要比口说能够让人信服，产生的推动力量与深入人心的厚度，更是不能比拟。

这则《后汉书》的记载，个中的深远意味与意义，实在是现代人应该深思与学习的。

形象

要别人如何对待自己，就先看看自己究竟是怎样的人吧！

刘縯、刘秀俩兄弟，在家乡日夜练兵准备打倒王莽的新朝时，左右邻居就说道："刘縯太糊涂了，如果这样闹下去，将来我们这些乡亲的命都要不保了。"说着大家都躲起来，生怕会被牵连。

后来，邻居们看到刘秀也脱下农装穿上军服，准备出征，又说道："连谦和敦厚的刘秀都参加他们，大概不会错。"大家才放下心来。

为什么同样的作为，却因为人的不同产生迥异的评价？主要原因在于一个人的"形象"，是诚实守信的人，是言而不行的人，是有才干能力的人，是怯懦无主见的人，是刚强坚定的人，是见解浅薄的人，还是明辨是非的人。

“形象”发自于内在的涵养、价值观念，以及表现出的仪态举止。所谓相由心生，一个人的心念、思想、性格流露在外是蒙混不了人的，像是走路匆忙的人耐性不够，与人交谈目不正视的人心意不集中，谈话紊乱无条理的人缺乏主张等等。

“形象”也取决于平时的待人处世，像是和气的人易亲近，稳重的人可靠，真诚的人能信任，善谋的人可以请教，负责的人能托付重任等等。

“形象”的好坏更关系着一个人的未来，身为领导者德能兼备，自然赢得众人服从；身为下属勤奋有才智，自能获得主管重用；为政者勤政爱民，必得人心拥戴；从商者诚实不欺，才有信誉；为人师表慈爱学广，才得学生尊敬；为朋友讲义说道，则处处是真情知音。

所以，要别人如何对待自己，就先看看自己究竟是怎样的人吧！

不失信于人

要看一个人，就要看他大起大落时，在利益、情义、贫困当前，怎么拿捏分寸、如何权衡轻重。

唐朝陆元方，曾为武则天时的大臣，为官清廉诚信。他在洛阳城外有一所宅第——锦绣园，是子孙世代相承的祖居，庭园楼阁皆悉心营造，是洛阳一带著名的宅院。不料后来陆家家境日益衰落，于是他和子侄商量，决定卖掉祖传的锦绣园。

陆家锦绣园求售的消息一传出，马上有商人上门，因为陆元方认为那本是祖产，不愿用以图利，所以很快就商妥了价钱，商人也付了定金。岂料商人刚离去，当地太守就差人请他到府中会面，原来太守也看上了锦绣园，打算以高价向陆元方购入。

太守过去曾有恩于陆家，又愿出高价，本以为十拿九稳，没想到陆元方表示不愿失信于商人，不假思索便回绝了。太守志在必得，提出要比商人高一千万的价钱，陆元方为不失信于商人，坚决不同意卖房子给太守。后来，陆元方的母亲得知消息，把儿子叫去责备一番，要求儿子知恩图报，将锦绣园转让给太守，陆元方还是坚持不让。

但锦绣园不愿以高价卖给太守的事传到坊间，引起纷纷议论，大家都在猜测是否宅院中有什么问题，于是付了定金的商人又去勘察究竟，确定整个房舍园林都没问题，才放下心。而且踌躇满志地向陆元方谈起日后要在锦绣园开设酒家的计划。不料陆元方一知道此事，马上摇手反对，诚恳地对商人说："锦绣园的格局设计本为民居，要来做酒楼并不合适！"商人见陆元方如此诚恳与不护短，大受感动，决定先以高价买下锦绣园，解除陆家经济的困窘。

要看一个人，就要看他大起大落时，在利益、情义、贫困当前，怎么拿捏分寸、如何权衡轻重。陆元方在对家境之贫、商人之信、太守之恩、母亲之孝间，选择做一个深明"一言既出，驷马莫追"之理的大丈夫，守信，不妄言。他的人品，已昭昭然在言行之间展现，莫怪商人愿以高价买下锦绣园了！

水清鱼难养

在上位者品行端正，在下位者必当起而效之，风行草偃，社会才能发达、进步。

常人认为“水清鱼难养”，所以放纵贪腐，混乱社会。难道为了“养鱼”就可以无视于纲纪、没有道德？就认为贪污合法，腐败合理吗？身在公门好修行，掌握权势的人能够体恤人民，清廉正直，不仅获得民心，更能流芳百世。北朝齐人崔劼就是一个好典范。

崔劼少年时便清心寡欲，不爱慕虚荣，受到家学的影响，养成勤奋好学的性格，官至中书侍郎。当时，和士开独揽朝政，沉迷于声誉的追求。众公卿便迎合和士开的喜好，为子弟们谋求一官半职。这样的风气下，有许多世家子弟在京师里任职。

有一次，崔劼的弟弟崔廓问他：“你的儿子崔拱、崔㧑如此杰出，为何不让他们留在中央担任要职，要外派他地？这样做可是有损后代官运的啊！”没想到崔劼却回答：“我向来以讨好达官显贵求得升官为耻，如果现在我推荐儿子到朝廷任职，不也是屈从私情吗？”纵使崔廓一再提出自己的看法，崔劼终究没有改变立身处世的原则，与朝廷公卿同流。

身为官员，所处理的公务是大众的事情，应该心心系念大众福利，爱民如子。树立父母官的良好形象，人民当然敬重钦仰；徇私枉法、滥用职权，贪得一时的快意，最终将被人唾弃。在上位者品行端正，在下位者必当起而效之，风行草偃，社会才能发达、进步。

为官之道能如崔劼，不求小贪小利，坚守清廉正气，一朝善缘聚集，自然德光万丈，庇荫百姓，也庇荫万代子孙。

诸恶莫作，众善奉行

纤细恶事，不敢造作；丝毫善事，圆满成就。

唐朝大诗人白居易，他的诗风平易近人，故有平民诗人之称。白居易晚年好佛，又号香山居士。他仰慕鸟窠禅师，几次想要登门请益佛法，不得其门而入。有一天终于如愿以偿，鸟窠禅师接见他。

白居易入室求法，发出犀利的问难。他问："何谓三藏十二部，九千卷经文的宗要，请禅师道一句？"禅师气度恢宏，不假思索地答说："九千多卷的宗要，只在一句：诸恶莫作，众善奉行。"

白居易感到十分失望，大名鼎鼎的鸟窠禅师，怎么是如此平常，并无玄妙高超之处？于是不悦地驳斥说："如是平常话语，三岁孩童皆晓！"禅师长啸一声说："三岁孩童虽晓得，八十老翁行不得！"

白居易听到禅师如雷贯耳的回答，如利剑斩断他狂妄的葛藤，如明镜照见他的无知，看着禅师巍巍然的身影，白居易不禁流下惭愧的眼泪。

常常有人问起，佛法浩瀚如海，要如何取一瓢饮？其实人天眼目，佛法宗要，就在这句“诸恶莫作，众善奉行”，我们对于纤细恶事，不敢造作；丝毫善事，圆满成就。如此，即可心意洁净，契入寂静的佛心。

古老的过去七佛，他们共同依循此偈——诸恶莫作，众善奉行，自净其意，是诸佛教。过去七佛如是庄严佛土，未来成佛作祖者，也同样不离这条心灵的幽径。它记着过去、现在、未来，恒河沙数，一则一则刻骨铭心的修行故事。

佛法在哪里？不在湮没久远的典籍，不在炷香袅袅的庙堂，它近在咫尺，只要你身端心正，以十善作为你生死大海的渡航。所谓十善，亦即：一、不杀，行放生之善；二、不盗，行布施之善；三、不邪淫，行清净梵行之善；四、不妄语，行实语之善；五、不两舌，行和合利益之善；六、不恶口，行柔和软语之善；七、不绮语，行质直正言之善；八、不贪欲，行清白无染之善；九、不嗔恚，行慈忍之善；十、不邪见，行正信正见之善。我们的身口意无过，于诸佛法具正信心，则能生出一切功德法财，而不匮乏。

佛法在哪里？好好保住这颗心吧！一念清净，佛法全体现前；一念爱染，如盲人入室，纵然珍宝满目，自是隐晦不见。

千金未必能移姓

人有所为，有所不为。

唐玄宗时，裴宽在润州任参军一职。当时润州刺史韦诜正在挑女婿，却始终没有挑到合适人选。一天，他登楼远望，看见花园里有一个人低头往土堆里埋东西，于是命人打探究竟，才知道是裴参军在埋鹿肉。由于裴宽为人清廉正直，不愿意接受贿赂而有辱家门，有人送鹿肉给他，放下东西就走了，他没法退还，只得把鹿肉给埋了。韦诜对裴宽的人品赞叹不已，决定把女儿许配给他。后来，裴宽当上礼部尚书，也不负韦诜所望。

裴宽的清廉正直，成就了一段好姻缘；唐朝诗人戎昱，则以凛然的气节，留得美名。

戎昱虽然是个穷士，却才华横溢、气宇轩昂，被权势显赫的京兆尹李夔看中，想把他那容貌冠绝一国的女儿许配给他。但是觉得“戎”氏太冷僻，要他改姓氏。戎昱听后，写下：

山上青松陌上尘，云泥岂合得相亲。
世间尽嫌良马瘦，唯君不弃卧龙贫。
千金未必能移姓，一诺从来许杀身。
莫道书生无感激，寸心还是报恩人。

戎昱以诗文表示对李夔至深恩情，无任感激，但要求他改姓是不可能的。

人有所为，有所不为。怀想古来贤臣侠士为持守高风亮节的行仪，不屈服于权势财力，俯仰不愧于天，实在令人景仰。再看当今社会，有的人为了奉承权贵，贪图私利，不顾社会公义，拨乱是非，这些行为与古人的高风亮节相比，何以立足天地？

如果，社会上的政治人物、企业家乃至学者文人，能够重视个人言行操守，必能影响全民，收风行草偃之效，改善社会风气。

不欺主子

诚实无欺，是个人立身处世的根本，是社会健全的根基，岂容我们轻忽？

曹彬是北宋的开国功臣，他曾为周世宗的亲吏，负责掌管茶酒一事。有一次，赵匡胤向曹彬讨美酒喝，当时赵匡胤位居将帅之职，宫中大小官员无不对他逢迎拍马，然而曹彬却断然拒绝，说道："这是官酒，我不能给你。"随后，曹彬掏出自己的钱来，买酒和赵匡胤对饮。

后来，赵匡胤当上皇帝，也就是宋太祖，他对群臣说："世宗的官员中，不欺主子的，唯独曹彬一人！"正因为曹彬为人正直，忠诚负责，所以深得宋太祖的信任，将他视为心腹大臣，委以重任。

历史上，除了曹彬以外，因为做人诚实，而受到君主重用者，比比皆是。会受到重用，是因为有信任；要赢得信任，诚实是一个关键。

对个人，诚实是安身立命的根本；对团体，诚实是决定未来的基本。往往上司对下属，因诚实彼此信任，而交付重任；顾客对商家，因为诚实无欺、有信誉，所以能安心往来交易；人民对政府，心存诚实信任，所以甘愿遵守国法，共同建设安乐富有的国家；夫妻间，双方真诚实意，情感自得绵绵无绝期，白首到老。就是平日与人相处上，或者朋友交往、做事言谈，因为诚实，一切行事、交游能圆满顺心！

有诚实，就有信任，因信任，而能打破人际间的猜忌、陌生、隔阂，谈的是货真价实的感情，说的是真真实实的语言，做的是正直有信义的事情。在冷漠疏离，乱象丛生的今日社会，其实是这每个人内心深切需要的人性价值。

诚实无欺，是个人立身处世的根本，是社会健全的根基，岂容我们轻忽？

王员外说谎

说话要得体，话说得太满、说得太过头就会失真。

《荀子》说："凡人莫不好言其所善，而君子为甚。故赠人以言，重于金石珠玉；观人以言，美于黼黻文章；听人以言，乐于钟鼓琴瑟。"言语之要，可见一斑。

话说有一位讲话总是夸大其词的王员外，身边有个喜欢迎合主人的家仆。每次王员外说谎，家仆总会想尽办法替主人圆谎，好让主人有台阶下。

一次，王员外与朋友聊天，说着说着又扯起谎来："哎呀！昨天晚上一阵强风把我家那口井吹到邻居家了！"对方不以为然："你也太夸张了吧！"家仆马上接口："这可不是谎话。我家的井靠近邻家的篱笆，昨晚的强风把邻家的篱笆吹到我家的井边儿来。你说像不像井跑到邻家去一样。"

又一回，王员外对客人说："我曾经看过一个猎人射下一只大雁，这只大雁落下来的时候，头上还顶着一碗米粉汤呢。”客人直说不可能，家仆立刻说：“可能，可能。我家主子在院子吃米粉汤，忽然落下一只大雁，恰恰好栽到碗里头。你想想那画面，看来不就像大雁头顶着一碗米粉汤吗？”客人侧头想想，说：“倒也像！”

过没几天，王员外到亲戚家拜访，才坐下来，又开始吹牛：“我家有顶大蚊帐，它能把天地盖得一点缝隙都没有。”身旁的家仆听了，不禁瞠目看着主人说：“主子！这话太夸张了，您叫我怎么圆呀！这回您自个儿想办法吧！”

一个爱说谎的员外，在喜欢为他圆谎的家仆所架设的“台阶”上，扯出愈来愈夸张的弥天大谎，最终还得自己承担后果。

说话要得体。话说得太满、说得太过头就会失真。如果平时的言谈只为了讨人欢喜、投其所好，常常虚伪不实，久而久之，信用也将大打折扣，这样不只是自欺欺人，也是自损人格。

君子之德

说谎很累，只要开了头就没完没了，为了不露马脚，要像连环套不停地编造。

鲁宗道是北宋大臣，在他住处旁有个著名的仁和酒店，店里的酒闻名京城。鲁宗道常在下班之余，换下官服，一个人去那里喝酒。

有天，真宗急召鲁宗道，使者到他家时，他正巧不在。使者等了一会儿，才见到宗道从酒店回来。使者告诉他皇帝召见，并体贴地问："皇上如果责怪您来迟了，您有什么理由应对？可不可以先告诉我，我才好和你说同样的说辞。"

鲁宗道说："没关系，皇上问起，你就照实说我去喝酒了。"使者说："这样恐怕皇上会怪罪。"鲁宗道说："喝酒是人之常情，欺君是大罪。"使者无可奈何地叹口气，回宫复旨。

真宗果然问起鲁宗道迟来的原因，使者据实禀告。真宗问鲁宗道："为什么到酒家？"鲁宗道说："我家里穷，没有酒器。酒店里各种器具、酒类齐全，服务又亲切，去那里喝酒，就像在自己家里一样。刚才我亲戚来，请他到酒店里喝了几盅。不过，我穿着便服，没人认识我。"真宗听完，笑着说："你在宫里服职，不比他人，我怕御史弹劾你。"

从此，真宗更加欣赏鲁宗道，认为他忠实可靠。真宗晚年，每次为皇后分析群臣中哪些人可用时，总不忘记提到鲁宗道。

"避重就轻"是许多人的处世哲学，丈夫在妻子询问"为何晚归"时，只说"加班"；太太闻到酒味时，却说"巧遇同学"。员工面对上司质问"为何迟到"时，回说"车子故障"。学生面对成绩单的红字时，抱怨"考题太难"。其实，说谎很累，只要开了头就没完没了，为了不露马脚，要像连环套不停地编造。最轻松的方式还是诚实。

《大方广佛华严经疏》说："言行，君子之枢机，苟能诚实，斯则可法。"子贡问孔子如何成为君子？孔子的回答中，"言必信，行必果"也是条件之一。可见，诚实是君子不可或缺的德性。

社会上充斥着贪污、编派、八卦，这些都是不诚实的行为。什么时候大家都能诚实处世，这个社会也就能得到真正的安宁。

没有闲钱

在没有利害关系的事件上诚实，或许比较容易；一旦涉及名闻利养，能够诚实就是不可多得的美德了。

晏殊是北宋著名的词人，他的天赋很高，七岁就能作文，神气从容，气度非凡。十四岁，张知白以“神童”的身份，将他推荐给朝廷，正巧赶上宋真宗亲自主持的殿试，便让他参加考试。晏殊一见试题，就向真宗说：“这篇赋我十天前就已作过，草稿都还在。请皇上另外出题。”宋真宗非常欣赏他的诚实，特别嘉许，并赐同进士出身。

晏殊任直史馆时期，天下太平无事，皇帝特许百官臣僚间自由举行聚会，街市上的酒店饭馆，到处可以见到喧嚣的宾客，各地名胜也举目可见专为官员休息玩乐准备的棚帐。当时，晏殊家很贫困，没有作乐的闲钱，他就把自家兄弟找来，闭门读书。

有一天，朝廷要挑选一人任辅佐太子的官职，宰相和吏部官员各自呈上适合的人选，宋真宗则属意晏殊。宰相和吏部官员无法理解真宗的想法，真宗说："听说馆阁臣僚夜以继日嬉戏游玩，宴饮无度。只有晏殊闭门不出，与兄弟读书。这样谨厚的人，正是辅佐太子的最佳人选。"

晏殊得到宣召，进宫见真宗，真宗将任命他的理由告诉他。晏殊很诚实地回答："我并不是不爱游玩宴饮，只是因为家境贫困，没有闲钱。如果有钱，我大概也会去吃喝玩乐。"宋真宗听完晏殊的诚实话，更加赞赏、信任他。宋仁宗即位后，晏殊终于大受重用。

在没有利害关系的事件上诚实，或许比较容易；一旦涉及名闻利养，能够诚实就是不可多得的美德了。功名是古代读书人一辈子的目标，能够通过殿试，更是无上殊荣。应试的举子谁不是先练习作题，一旦考题正是自己曾习作过的，无不雀跃万分，视为上天的眷顾。可是晏殊却甘愿放弃熟悉的题目，只为了不违背诚实的本性。而在获得真宗的宣召时，也大可顺着真宗的印象，表现自己恭俭、勤学的生活态度。他却坦然说明自己的窘境，不沽名钓誉。《自在王菩萨经》说："不贪利养，是则名戒。"晏殊确实可以称是善持不贪戒的人啊！

绳锯木断

纤毫之善，尽力奉行。芥末小恶，一点也不敢违犯。

宋代崇阳县令张乖崖，为人刚正不阿，赏罚分明。

有一回，一个官吏从库房走出来的时候，顺手拿了一文钱。

张乖崖知道后，马上吩咐刑官施以重重的杖责，以示惩戒。

谁知道那个官吏不但没有丝毫的悔意，还很不以为然地为自己辩解："我不过就是拿了一文钱，凭什么要杖责我？就算你能杖责我，你也不能杀了我。"

张乖崖听了后，便不假思索地拿起笔，亲自下判诏："一日一钱，千日千钱。绳锯木断，水滴石穿。"不多久就将他处斩了。

"星星之火可以燎原，涓涓滴水可以穿石。"一滴小水滴，可以崩塌一座山；一滴水，也可以形成江河大海。

张乖崖在就任官职时，不以部属偷盗一文钱的事小而得过且过，并且对其错误的观念严加惩治，让后世为官者引以为戒。

俗话说："勿以善小而不为，勿以恶小而为之。"一个人能够成功与否，就在于他的态度与观念是否正确。态度、观念若稍有偏差，他所做的事皆会与正法背道而驰，终究无法得到他人的信任。

世间的法律、宗教的规范及戒条，仅能约束我们外在的行为，却无法防患于未然，让我们当下的每一个心念都合乎于正法。真正能主宰我们命运的，是人人本自具有的这一颗真心。心中有主张，有所为，有所不为。纤毫之善，尽力奉行。芥末小恶，一点也不敢违犯。一颗有主的心，东西南北都好。无主的心就如游魂，飘泊不安。我们岂可沦为教条的奴隶？

昨日的歌舞

唯有内心空无，才能释放是非烦恼的重重桎梏。

宋朝有一对有名的理学家兄弟，程颢与程颐。有一天他们应朋友之约，前去参加一个宴会。他们的学问道德为人敬重，宾客们礼请他们上座。哥哥程颢比较随缘放旷，跟着大家饮酒谈笑，唱歌跳舞。弟弟程颐看在眼里，认为自己是有道德的学者，怎么能随波逐流，跟这些俗人歌舞同欢呢？于是他一副眼观鼻，鼻观心，道貌岸然，不苟言笑，一直到曲终人散。

第二天，弟弟终于忍不住，对哥哥抗议说："我们是规矩的学者，怎么可以随顺流俗，与俗人放浪形骸，酒肉歌舞？"哥哥叹了一口气说："弟弟，你好辛苦，昨天的歌舞笙乐，今日早已烟消云散，你为什么要一直背负不放呢？"

哥哥的心，如同行过百花丛里，不沾片叶，不过随缘随喜，了无挂碍。弟弟虽然身不歌舞，言绝俗论，但是心眼里的葛藤纠缠不休，反而障碍了道的清明和无心。

唯有内心空无，才能释放是非烦恼的重重桎梏，卸尽一切浓妆，还复天然颜色。弦歌妓乐，俗情爱念，动乱不了我们的修行，真正的干扰，来自我们爱憎拣择、染净分别的妄心。

命运的主宰

我们的心中自有主张，可以做自己命运的主宰，有所为，有所不为。

元朝的时候，连年的战火，局势动荡不安，老百姓有家归不得，为了保全性命，流窜各地。有一个读书人叫做许衡，他也随着逃难的人潮，来到一处偏僻的村镇。难民们赶了一天的路，个个又饥又渴，看到路边的果树，大家欢喜地采撷水果，饱餐一顿美味。

许衡先生只是静静地坐着，并没有加入采收水果的行列。有人热心地怂恿他："许先生，赶快去吃水果，又大又甜哦！"许衡先生回答："这水果是有人种的，要得到主人的允许，才能摘来吃呀！"一旁的人哈哈大笑，不约而同说："哎呀！先生，现在是什么年头了，各处战乱频仍，果园的主人，早就远走他乡，哪里还有什么主人呢？"许衡先生面色凛然地回答："尽管现在战火漫天，这个果园失去了主人，难道我们的心中就没有主人吗？我采摘水果食用，就是偷盗，侵犯到别人的利益，我心中的主人时时刻刻替我监管道德，替我看守良知，我怎么能逾矩呢？”

世间的法律、宗教的规范，约束的只是我们外在的行为，却无法防患于未然，让我们的心心念念合乎正法，如君子怀璧。我们岂可沦为法律、教条的奴隶？我们的心中自有主张，可以做自己命运的主宰，有所为，有所不为。

纤毫微善，尽力奉行，芥末小恶，不敢违犯。一颗有主的心，东南西北都好，无主的心像游魂野鬼，四处漂泊不安。为我们的心找到好的主人，充满着慈悲仁和，口出柔软善言，身行清白正道。

左右为难

方便权巧才是智慧，而不是一味执著、墨守成规才叫做公平公正。

中国历史上，不少男士享有“齐人之福”，意即一妻一妾，甚至一妻多妾；左拥妻右抱妾，真是快乐似神仙。其实一个男人坐拥妻妾并不好：妻和妾，无论疼爱哪一个，对另外一个都会产生伤害；论情、论爱、论伦理都陷自己于左右为难的困境，婚姻生活不但无法获致幸福，更是“齐人之祸”。

话说有一个男人讨了两个老婆，夫妇“三人”之间有一个规定：三人同床，妻睡右边，妾睡左边，丈夫睡在中间。为了对妻妾表示公平，表示内心的爱是平等无差、不分大小的，这男人平时睡觉都不敢妄动一下。一个晚上，狂风暴雨大作导致屋顶漏水，泥浆随着雨水不断地滴入屋内，恰恰好滴在中间的位置。任泥浆滴到眼睛里，这男人还是不敢乱动，深怕朝左面看，妻子不欢喜；朝右面瞧，惹妾恼怒。泥浆点滴漏下一整晚，他的两个眼睛也瞎了。

一妻一妾，究竟是齐人之福，还是齐人之难呢？

人间万事本来就是错综复杂的，遇到让人左右为难的事情在所难免。要求公平、求平衡，并非得保持“中间位置”的呆板，不妨换个方向思考、换个方式行事，事情或许会有转机。

因为方便权巧才是智慧，而不是一味执著、墨守成规才叫做公平公正。比方说，甲喜欢吃饭，就准备饭请他；乙喜欢吃面，就煮面请他，人人各有所需，各有所好。如果执著“中间位置”，喂牛马吃草，却硬拉着猪一起来吃草；猪有猪的饮食习惯，牛马有牛马的饮食习惯，不一定得事事求同，食古而不化，执一而不知变通。变通才是智慧，方便才是平等，当处在进退维谷、举棋不定的境地时，知变通与方便往往能够让我们找到一个最佳的解决之道。

想要享齐人之福，也得要有灵巧的脑袋才行，不是吗？

天理良心

道在哪里？反求诸己，检点自己的内心是否具备天理良心。

一日，王阳明先生，率领一群学生到外地去讲学传教，半路上听到两个妇人吵架，妇人甲骂："你一点天理都没有，连天理你都不怕，会遭受到天打雷劈的恶报。"妇人乙不甘示弱，反唇相讥说："我怎么会没有天理？我看你才没有良心，良心给狗吃掉了！"

王阳明先生听到两位妇人吵架的内容，对学生说："你们仔细听听，她们两个人正在讲道说教。"学生觉得老师是不是在开玩笑，她们彼此唇枪舌战地相骂，怎么会是在讲道说教呢？王阳明说："她们一个在说天理，一个在讲良心，这不是道，又是什么呢？"

甲乙妇人骂着对方没有天理良心，这也是我们的毛病，老是指摘别人没有天理、没有良心，却不要求自己遵守实行。道在哪里？反求诸己，检点自己的内心是否具备天理良心？

什么又是天理良心呢？身正念着，语言柔和，以戒法的瓔珞庄严我们的身心世界。在《大方等大集经》说："菩萨以戒等四法庄严法身，如世瓔珞庄严于身也。一、戒瓔珞庄严。谓菩萨严持禁戒，于诸众生，无有恶害之心。二、三昧瓔珞庄严。谓菩萨远离贪嗔痴行，修习一切三昧。三、智慧瓔珞庄严。谓菩萨心无疑网，远离颠倒……观于世间，犹如梦幻，观于法界，无有去来。四、陀罗尼瓔珞庄严。谓菩萨能持善不失，持恶不生。"

天理良心，犹如顶戴清净戒行的瓔珞，一切有情，常所乐见。一个具足天理良心的君子，不用华冠锦服庄严，以此就能净行圆满自心。

厉成裁衣

常带三分谦虚，说八分好话，为人处世上必能得到许多善缘与方便。

明朝时有一位著名裁缝师名叫厉成，刀法如风，名官大臣的衣服，经他一剪裁，个个合身且仪态万千，到他退休那天，许多京师的裁缝都围着他，要他说出剪裁官服的秘诀。

厉成说："我剪裁大官的衣服，不只看他体形高矮肥瘦，更重要的是问清楚他任职的年数。"

看着四周大感错愕的裁缝师们，厉成又解释道："这个官员如果是刚上任，意气很盛，不可一世，姿势是上仰的时候居多，衣服就要前长后短；任职稍久，意气渐平，就前后长短相等；如果任职已久，久久不迁调升官，茫然心虚，连一个下位者也不敢得罪，见人就笑揖，那时的衣服要前短后长才行！"

裁缝师听了都非常心服，没想到有一位年少的裁缝师并不完全同意，说道："现在时代不同了，许多新官刚上任，边还没有摸清楚，就到处谦卑；一朝摸熟了，抓稳了，就骄傲跋扈。而且一遇上级就屈膝卑躬，一遇下级就傲慢自大，一天之内忽而前短后长、忽而前长后短，那又要如何为他裁衣呢？"

厉成哈哈大笑说："正因为猢狲戴帽的时代到了，风气大坏，我才要提早退休呀！"

做人，要认识自己的身份。经商的人，要取财有道，买卖之间也应谦虚有礼；为人下属，要卖力工作，为公司尽心尽力。

做父母的要像个父母；做儿女的要像个儿女；做官的要懂得做官之道。否则，只是表象上挺个肚子、抬个胸膛，一副昂昂乎、巍巍乎的样子，是无法受到他人尊敬的。如果能常带三分谦虚，说八分好话，为人处世上必能得到许多善缘与方便。

不吝改过

人，不怕犯错，就怕没有认错、改过的勇气。

我们要把人做好、要把事做好，必须具备许多条件，其中敢于认错、勇于改过的修养是相当重要的条件。因为世间人形形色色，各人的观念和行事迥然不同；世间事繁杂多变，处处都是挑战，行走其中难免会有差池，或者与人产生摩擦。“人非圣贤，孰能无过；知过能改，善莫大焉。”人，不怕犯错，就怕没有认错、改过的勇气。

明朝的冯梦龙撰写的《智囊全集》中，有一则颇令人省思的故事。

徐存斋还不到三十岁时，便由翰林院被派到浙江中部当督学。徐存斋任内，曾经有一位读书人，在文章中用了“颜苦孔之卓”之句，意思是，颜回很想效法孔子，却苦于孔子的德行卓尔出群不可及。徐存斋将这句圈起来，并批上“杜撰”二字，判为四等。

读书人对徐存斋的批点，无法心服，因而手持卷子表明：“太宗师见教，当然是正确的，但是‘苦孔之卓’语出扬子《法言》一书，确实不是我杜撰的。”

只见徐存斋站起来，恭恭敬敬地说：“我这个人很幸运，官当得太早，学问做得不够扎实，今天承蒙你多指教了。”还将文章改判为一等。

徐存斋面对自己的错误与不足，不仅不会遮掩过失、恼羞成怒，还能宽容大度地接受读书人的指正，谦虚改过，即是懂得做人处事。

人难免会犯错，就怕好面子，不肯承认自己的过失，而迷失在错误的死胡同里，酿成更难以弥补的错误。《荀子・劝学篇》说：“君子博学而日参省乎己，则知明而行无过矣。”《大乘本生心地观经》说，“忏悔能烧烦恼薪”、“忏悔能开菩提华”，都是教导我们面对错误时，学习认错与改过才不致重蹈覆辙，才能自我提升，把事做好，赢得他人的敬重与信赖。

一条破毛巾

心安，东西南北都好；心安，粗茶淡饭有味；心安，方丈陋室便是大千世界。

生活中有两种层次，一是物质的生活，一是精神的生活。精神生活中包括艺术的生活和信仰的生活。一般人都是先有物质的生活，衣食住行无虑后，再追求精神的生活。读书进修，增加知识；情感满足，分享悲喜。有了精神的生活，就需要艺术的生活，从音乐、绘画种种艺术活动，涵养我们的心灵粮食。有了艺术生活，还需要信仰的生活，祈望超越升华我们的生命，找到身心解脱的大道。

四大高僧之一的弘一大师，出家前他的诗文音乐，乃至金石书画都已名震全国，他却在艺术绚烂的高峰上，刹那峰回路转，顿入淡然的出家生活。弘一大师退出社会名流之列，选择严谨的律行，为世人展现一场完美信仰的演奏。

有一次，他的好朋友夏丏尊教授来拜访他，和他一起用餐。餐桌上只有一碟菜，夏丏尊吃了一口，实在难以下咽，又不好意思嫌弃，只好苦着一张脸说："这菜好咸。"弘一大师面不改色地吃着菜，欢喜地回答："咸也有咸的味道。"

即使是用了几年破烂的毛巾，他还是不愿意汰旧换新，一再婉拒别人的好意，仍是一贯地笑说："还可以用嘛。"床铺爬满了臭虫，换成别人片刻也难安住，但是他却夜夜无忧，一觉到天明。

弘一大师将清贫俭朴的生活艺术化，像一篇诗，动人肺腑；像一首歌，美妙悦耳；更像一幅画，摄人精魂。他将修行当成写诗、谱曲、绘画的艺术生活。

华厦豪宅，未必使我们了无恐惧；珍馐美味，难保健康无病。以金钱换取的物欲生活，不一定可以令我们百忧消弭，欢喜轻安。

心安，东南西北都好；心安，粗茶淡饭有味；心安，方丈陋室便是大千世界。

太远吗

心中有大众与制度，能够尊重他人，不以自我为中心，不会嫌东嫌西，才能融入团体。

有一名信徒到寺院参加水陆法会，因为分配到挂单的寮区较为偏远，每天必须走上一段路才能到达坛场，所以嘴里不时嘀咕："每次都要走这么远的路，真累！"

佛光禅师知道了，为大众开示时便以巧妙的譬喻教导："希望大家不要嫌住得远，如果现在都嫌远，十万亿佛土远的极乐净土，将来怎么走得到呢？如果空中有警察，他就会说：'这个人怕走路，不要给他去极乐世界，因为他嫌太远了。'"

有些人不喜欢走路，往往走到佛光山的山门口，看到"佛光山"三个字，就对同伴说："哦！佛殿还在后面，那你们上去就好了，我在这里等你们。"伫立山门等，不就等于没有到过佛光山吗？

还有些人吃过饭准备下山搭车，便说："哦！真费事，要走那么远。"其实出门就是要走路，走路是一项有益身心，对调和情绪也有帮助的运动。就像在佛光山内竖立的几个字："佛地千步走，活到九十九"，果真在佛地走上一千步，不但寿命长，心灵也能悠然自在。

"走路"就和拜佛、念佛一样有功德，佛门里的跑香、绕佛、朝山、经行等修持，都是要走路的。"走路"也是一种修行，在动中养静、养心；因为怕走路而不愿意"多走路"，不就错失一个修行、运动的好机会吗？

在佛门，出家人的日常生活，"随众"这个观念很重要。举凡过堂吃饭、庠序课诵都是跟随大众出坡，跟随大众听法，跟随大众用餐，在行径间修性养心，慢慢地威仪也好了，次序也有了，心里也随之平静了。"随众"是一种包容心的养成，因为心中有大众与制度，能够尊重他人，不以自我为中心，不会嫌东嫌西，才能融入团体，随众生活。

赚到欢喜

从工作中赚到欢喜，赚到尊重；从人我相处中，赚到礼貌，赚到关怀；从信仰中赚到心安，赚到慈悲。

三十年前，我在高雄县大树初创佛光山时期，有一位初中毕业的木工师父萧顶顺先生帮忙建设佛光山。他不会画图，我也不懂建筑，不过我们两个很有默契，常常在一路巡视勘查时，我讲出我的需要，他用心记下来，遵照我的构想，帮我完成心中勾绘的模型。

我们没有办公桌，也没有一张蓝图，几年来，他一直在佛光山建房子。我也曾关心他说："你这么多年来，在佛光山不停地建房子，依你现在建筑的经验，如果到社会上发展，要买几幢房子，并不困难！而你帮我在佛光山盖房子，你的房子在哪里呢？你怎么没想到赚钱，为自己买土地盖房子呢？"

萧顶顺回答我说："我才不稀罕去赚钱买土地建房

子，这几年我在佛光山赚了满满的欢喜，这份欢喜，不是土地或房子可以相比的。”

萧顶顺先生三十年来，赚了不少的“欢喜”，至今他仍然为佛光山海内外道场的建筑煞费苦心。从年轻到鬓发添白，他不论烈日当头还是寒风彻骨，他的心依旧如三十年前，一腔热情，广设天下僧林，令三宝长住五大洲洋。

我们凡事不要向钱看，比金钱宝贵的东西很多，慈悲、道德、智慧、和谐、欢喜、关怀、情义等等，才是取用不尽的财富。

一生之中，能赚到几千万的人并不多，但是我们能从工作中赚到欢喜，赚到尊重；从人我相处中，赚到礼貌，赚到关怀；从信仰中赚到心安，赚到慈悲，这些心内的法财，胜过银行的利息和红利。一生，要为自己赚到什么东西？什么东西不怕海枯石烂，不怕沧海桑田，可以结伴我们终老，远离啼哭悲恼？

游戏规则

从社会的各个阶层来看，人人都必须遵循生活的规则。

一年夏天，有位爸爸准备带着他的孩子们到海边戏水。前一天晚上，他召集孩子们说："明天到海边去玩，我们订定一些注意事项，和分配工作的规则。"十五岁的儿子，嘟着嘴说："爸爸好讨厌，一天到晚订什么规则，连到海边玩水，也要来这一套。"十二岁的女儿也举手表示抗议："爸爸轻松一点嘛，老是要分配我们做什么事，好好一个假日，何必弄得那么严肃呢?"陈先生的家庭会议，在儿女反对声浪中狼狈地结束。

第二天早上，全家人到了海边，眼前迤逦的沙滩，衬着碧蓝的海天，孩子像脱缰的野马，奔跑跳跃不已。炎热的气温下看到有不少人在游泳戏浪。孩子们到汽车里拿泳衣，也想下海消暑一番。

他们翻遍了行李箱，找不到泳衣。他们生气地对爸爸抱怨："您怎么忘了交代我们带泳衣出门呢？害我们不能尽兴地玩水。"悠闲地躺在沙滩上晒太阳的父亲，慢条斯理地答说："我昨天的家庭会议，就是要提醒大家带必备的东西，是你们拒绝我订定注意事项，不欢喜我约束你们。"

从社会的各个阶层来看，人人都必须遵循生活的规则。比如，在家庭里如果妈妈不定时煮饭，爸爸不肯安分工作，孩子不愿上学读书，家庭一定混乱无章，毫无秩序可言。小至家庭大到一个国家，都必须共同遵守法规，彼此分工合作，如同机器上的大小零件有序、合理的组合，才能轮转不休。

即使是一场球赛，也有游戏的规则，何况在人生的跑道上，如果不肯守法，就会被淘汰出局。一部没有刹车装备的车，当你享受着飙车的快感时，危机正埋伏在四面八方。

现代廖添丁

真正持守净戒的人，是念念为众生拔苦予乐，使他们脱离恐惧的深渊，得到身心的无忧。

我有一位信众陈来友老太太，跟着儿子移民到美国，儿子买下一个汽车旅馆，因为地点适宜，前来投宿的旅客也不少，生活渐有起色。

她的儿子像时下一般年轻人，充满开创事业的斗志，并不热心慈善公益。陈老太太是个信佛的弟子，帮儿子照顾旅馆柜台的生意，遇到有困难的人，便慷慨打折优待，少收一点费用。由于她乐善好施，汽车旅馆生意愈来愈好，甚至有些客人，宁可多开一段车程，只为了来看看这位慈眉善目的中国老太太一面。

汽车旅馆每天门庭若市，收入不少，陈老太太知道儿子不会答应做这慈善的事，不得已，只好从住宿的钱中拿出一些救济贫苦急难的人，但心里不免挂念，自己拿了儿子的钱去做好事，合法不合法呢？有一天她来问我："师父，我这样做，有没有犯了偷盗戒？"我觉得陈老太太的心地善良，为人救苦救难，是佛菩萨的心。

我回答她说："你是现代廖添丁。"她一听，开怀地哈哈大笑，落下心中的那块石头。

廖添丁是日本侵占台湾岛时期家喻户晓的侠义人物，他劫富济贫，替为富不仁的人布施行善，救济穷苦人家。他的心并非窃盗的心，只是生在那个大时代环境中，他因不忍众生苦，不得不出此下策。

陈老太太拿儿子的钱，做慈悲善美之事，我说她是"现代廖添丁"，因为我看到的是她清净的佛心，并没有任何贪求侵占的偷盗恶念。当戒体是出于慈悲的本怀，有时候不能从表相上去判定善恶净秽。

真正持守净戒的人，是念念为众生拔苦予乐，使他们脱离恐惧的深渊，得到身心的无忧。持戒与否，要用慈悲的天平称量自己的行为、语言、心意，有多少斤两的慈愍悲心？

心的牢狱

人生往往为了一个念头，改变了未来的命运。

有的人犯法坐牢，狱中的铁窗关闭了他们的行动自由；有的人虽自由地在社会各个阶层中活动，但是内心充满烦恼的束缚、压力的痛苦，犹如住在内心无形的牢狱里。铁窗只是禁止身体活动的自由，总有刑期年满的时候，反观住在内心牢狱的人，自我的枷锁重重，暗无天日，解脱遥遥无期。

张先生在十几岁时偷了人家三百元，时光匆匆，已经过了三十年，他对于年少时犯下的错误一直耿耿于怀。他拼命打听当年被偷窃那家人的新地址，终于皇天不负苦心人，他查出他们的所在。有一天，他带着一张三百万的支票，亲自上门拜访，遗憾的是当年的主人已经去世，留下一个儿子。他说明当年如何欠他父亲的钱，现在来还债，一定要把支票留下。年轻人坚决不受，表示父亲并没有交代有这件事。张先生只好说出当年的往事，诚恳地说："我为了这三百块，在心的牢狱里煎熬，已经三十年了，你难道不肯释放我，让我重获自由吗？"

在心的牢狱中，自己就是判官，违背良知的事，也许逃得过世间法律一时的制裁和他人的耳目视听，但是"天知道，地知道，你知道，良心也知道"。张先生为了年少无知的过错，囚禁了自己三十年的岁月，我们应该引为警惕，平时检点内心的善恶念头，管束好六根的贪爱染污。

三百元，三十年的煎熬，人生往往为了一个念头，改变了未来的命运。禅门中有句话说"照顾脚下"，意思就是要照顾我们心里的步伐，一步差错，换来百年的懊恨。脚下这一步，走向快乐的天堂，还是痛苦的地狱，就要称一称你善恶的轻重。

星火燎城

一点星火，燎烬全城。

一天，街上发生大火，连烧了好几幢房舍，警察逮捕了一名嫌犯，将他带至警察局问话。

原来，这个人对于生活的细节漫不经心，常乱丢烟蒂，也常常忘记关闭瓦斯，电线任其杂陈，也懒得整理。这天，他乱丢的烟蒂未熄，引起电线走火，不但烧了自己的房子，连带比邻的房舍，都受到池鱼之殃，全部烧成灰烬瓦砾。

在法庭上，法官要判他罪时，他不服气地说："我只是丢了一根烟蒂，怎么能把全街熊熊的大火都赖在我身上，说是因为我的缘故呢?"法官回答："如果没有你那一点星星之火，哪里有城里的大火？就像一粒种子落下，日后长成大树，现在的大树和当初的种子，彼此能脱离关系吗?"

佛典里有一句话:“一心万法。”这个“一”象征着我们微细的善恶心念,如果我们不能谨慎它、重视它,就像“火烧城”的故事,看不到星火隐藏的力量,直到酿成祸害,已经后悔莫及。高大楼房颓圮,从墙上的裂缝开始;崇山峻岭坍落,不过是水滴贯穿所成。佛教的“因果律”,像准确的雷达为我们标示人生飞行的航道。

一点星火,燎烬全城。这把火,也是我们内在的火,如贪、嗔、痴等大火,日夜烧毁着我们福慧的城镇,使我们财宝散尽,无家可归。

时时扑灭那点星火,保全我们美丽的家园。火燃起时,洒一点慈悲爱心的水,洒一点忍耐柔和的水,洒一点平等尊重的水……甘露滴水如莲,于热恼的炎夏,亭亭玉立,香风十里,清凉远播。

加倍付费

不是风动，不是波动，是心在动。

有一个慈善团体发起爱心残障募款活动，举行一场演艺晚会，邀请各界人士前来观赏。当五彩的灯光亮起，演艺人员卖力地歌舞表演时，有一个人始终紧闭着双眼，好像老僧入定一样，不欣赏节目，也不肯随喜鼓掌。

节目表演到一半的时候，主办单位拿着乐捐箱，向观众收钱，每人一千元。当收到这个人的时候，他不愿意付钱。他说："我都是闭着眼睛坐着，你们的节目，我什么也没有看到，我为什么要付钱呢？"对方回答他说："先生，别人做好事只要付一千元就好了，你必须要付二千元。"那个人更不服气地问："你们这种收费的标准，有什么道理吗？"对方莞尔一笑说："先生，因为别人参加这个慈善晚会，他们只是用眼睛看，付一千元就可以了，你却是闭起眼睛用心观看，所以要加倍付费。”

眼睛不看，耳朵不听，就是大修行吗？杜塞形色音声的入侵，真的可以保持我们内在的宁静吗？我们内心的贪欲、嗔恨、愚痴、嫉妒、邪见，只是一味地掩盖遮蔽，是无法消除它们的臭秽的。慈悲喜舍、惭愧感恩的涌泉，才能排出心中污秽的泥水。

把心洗沥干净，自然眼见净土妙色，耳闻诸佛密语，鼻嗅香气，舌出柔和雅音，身行菩萨事业，心念有情悲苦。一个大修行人，走过人间百花时节，他洞然明白，吹皱一池春水，不是风动，不是波动，是心在动。

只看到黄金

究竟如何看世间？不能只知其一，不知其二。

光天化日之下，有个人抢了银楼的黄金之后，拔腿就跑。路人见义勇为，赶紧追向前把他逮捕起来，送到警察局。警察审问："你实在胆大包天，竟然敢在众目睽睽下抢黄金！"这个人理直气壮地回答："警察大人，真是对不起！我当时只看到黄金，没有看到人。"

世间多少贪心人戴着利欲熏心的眼镜，只看名利财宝，看不到仁爱廉耻。世间多少嗔心人顶着怒忿瞋怪的牛角，冲向火红的罣布恶纱，不顾情理，出口反击，给人难堪。

世间又有多少人"讲时似悟，对境生迷"，稍不留心，就被善恶境界迷惑住，捆绑住，而动弹不得。有多少人"色不迷人人自迷，酒不醉人人自醉"，沉醉美色海洋，看不清仁义道德、人格操守的蓝天，心心念念被美色缠绕，愈沉愈深。又有多少人高捧金钱，视金钱为至高无上的真理，义理人情是追求真理的绊脚石。还有多少人，视权位如流水奔来，友爱亲情如茅坑粪土，闻之掩鼻而走。

身处花花世界，我们没有“全看”，没有“眼观四面，耳听八方”，只看到金钱、爱情、名利，却看不到真情、道德与人格；只看到别人的伟大、富贵，却看不到个中的因果与成功背后的付出和勤劳。

究竟如何看世间？不能只知其一，不知其二。在黄金珍宝、富贵名利之外，还有更高价值的道德与善美；在爱情、权位、名声以外，还有很多真诚真理和正义。只需摘下“有色”眼镜，睁开慧眼，便能见得另一半朗然的清美世界。

生命中的沉重

娑婆众生，情爱深重，生命中最沉重的纠缠，大多来自千尺爱河。

张先生享齐人之福，娶了两个老婆，大老婆年纪比较大，小老婆年轻貌美。他为大小老婆各买了一幢别墅，大老婆住在东街，小老婆住在西街。

有一天，他到西街去找小老婆，两个人开怀地饮酒作乐后，正准备外出跳舞看电影。年轻的小老婆忽然叹了一口气说："我们出去走在一起，你头上那么多刺眼的白头发，老夫少妻，让人指指点点。"张先生为了讨小老婆欢心，于是把白头发统统拔光，只剩下一边的黑头发。

又有一天，他想念起大老婆，就到东街去。大老婆看到他只剩一边的黑头发，又羞又恼说："你现在头上连一根白发也没有，看起来如此年轻英俊，何必来找我这个老太婆？你应该和你的小老婆在一起，两个人才相配呀!”他为了平息大老婆的情绪,只好拔光黑头发。

白头发小老婆不喜欢,黑头发大老婆又不欣赏,张先生最后变秃头,两个老婆都讨厌他的怪模怪样。

现代社会一夫一妻制是很重要的。因为感情像我们的眼睛,容不下一粒沙子的存在;感情像火车,必须遵行轨道,才能确保行旅平安;感情更不是金钱,它无法和人借贷流通。社会上层出不穷的情杀案件,就在于用情不当,不懂得掌握时空因缘。爱的方式,爱的对象,爱的时间……不合世间的礼法规则,使得自己爱得身心俱破,更使别人遭池鱼之殃。

娑婆众生,情爱深重,生命中最沉重的纠缠,大多来自千尺爱河。古今多少英雄美人,为情爱衣带渐宽,终生无悔!如何经营我们的感情,佛教的“不邪淫”戒,便是恋人天长地久的山盟海誓,令双方信守,不悔当年的盟约。

手上的戒指,未必保证白头偕老,唯有受持心灵清净的戒法,才能鱼雁同行,恩义不忘。

再造父母

小事能通融，就能成就非凡大事。常人往往卡在小细节处，自己动弹不得，别人也进退两难。

户籍在台湾美浓的圣严法师，本来身份证上没有父母名字。那时沈家祯先生邀请他到美国，但是在万事俱备之下，却拿不到美国的签证，因为美国规定，出生不详、来历不明身份的人是不准许入境的。懊恼的他只有到相关部门请求官员帮忙，然而官员却说："我们没有办法临时在你的身份证上添加父母的名字。"

那时是一九六七年，佛光山正忙着开山，我想到扬州同乡姜震勋先生是高雄县警察局的督察长，主管全县的户政，或许可以促成此事。于是我前往拜托，说明这位法师到美国的重要性，请他无论如何一定要帮忙。姜先生看在同乡老友的面上，召集了所属分局局长研商办法，终于结集多位分局长的智慧，在不触犯法律之下，网开一面，帮他在身份证上添加父母的姓名。因为这样的关系，圣严法师才得以顺利前往美国赴沈家祯的邀请。

多少年来，我都把姜震勋先生待为上宾，感谢他排除万难，帮我做了一件伟大的事情。

小事能通融，就能成就非凡大事。常人往往卡在小细节处，自己动弹不得，别人也进退两难。法律的制定本是为了维系社会安定不失序，条例是严正冷峻，但执法应是讲理讲情，综观大局才是。就建筑法来说，在美国申请建屋，事先法律要求是千般挑剔、万般为难，一旦建造完工，一切行事程序统统“OK”，都能圆满解决，政府与人民皆大欢喜。

法令登记应避免不周全、程序繁杂等问题发生，公家机关是以为国奉献、为民服务为天职，而非找民麻烦。所谓“订法要严，执法要宽”，而不是“订法宽松，执法很严”，带给人民不方便，怨声载道，就失却法律的高尚意义！

燕子窝

做人不妨学习燕子讲信用的精神，来来去去，有时有信！

佛光山开山之初，最先建设的就是现在的“佛光山丛林学院”。记得兴建完工不久，成群结队的燕子随即飞到佛学院里筑巢，而且燕子的数量一年多过一年，甚是奇妙！

这群燕子在佛光山住久了，彼此默契十足，我们早晨四点半起床，它们便在殿堂外来回飞舞；早课结束，打板过堂，它们也随之外出觅食；到了上课时间，它们立刻安静地回到窝里。如此日复一日，年复一年，彼此不相妨碍、和平共处，任由它们飞进飞出，我们也自自在在。燕子们似乎感受到这样的气氛，所筑的窝，已在我们伸手可及之处。

燕子非常讲究种族的品质。身残的小燕子，在它们的族群里视为“劣等生”，会被淘汰。年轻的学生将被“踢”下的小燕子捡起来，送回燕子窝，母燕又再忍痛将小燕子踢下来，以保持优秀的血统。

燕子也非常讲信用。每年在仲春季节飞来，暮秋之际离去，年年如此，从不迟到，也毫不拖延。

反观现代许多人不懂得进退之道，该来的时候不来，该走的时候不走。比方有些人想在云水堂挂单，捎来一封信，表示会在某月某日前来挂单，约定的时候到了，却不见踪影；或是到了退单的时候，又表示欢喜待在这里，要多住几天才走，让人难以安排，不仅言而无信，也不觉惭愧，令人不胜唏嘘。

做人，不妨学习燕子讲信用的精神，来来去去，有时有信！

无形的辫子

心中一条条无形的绳索，若不能舍去，我们就无法活得潇洒自在！

我们是否常被心中无形的绳索系缚，而不能坦荡自在？

清末名儒辜鸿铭，学贯中西，博通法、德、希腊、拉丁等九种语言，还将《论语》《中庸》译成德文及英文。虽然饱读西学，辜鸿铭却相当推崇和宣扬中国传统文化。他回国后，立即复古，留起小辫子。

当时任北京大学校长的蔡元培先生兼容并蓄，辜鸿铭被请去当教授。他一走进课堂，脑后那根小辫子便引来学生哄堂大笑。他不动声色，缓缓走上讲台，说："你们笑我，无非是我这根辫子。这根辫子是有形的，容易剪掉；然而，诸位脑袋里面那根无形的辫子，就不是那么好剪啦。"一席话，说得学生一片静默，哑口无言，这才知道被自己认为的迂腐传统系缚住；真正活在过去的是自己，而不是台上的教授。

当我们在指责别人不是，取笑、看轻、讥讽他人时，是不是也察觉到心中那一条条无形的绳索，正捆绑着自己，是不是清楚那只是自我意识形态的反映？

苏东坡与佛印禅师打坐时的一段对话，有异曲同工之妙：

“禅师，你看我坐的样子如何？”

“像一尊佛。”

“学士，你看我的姿势如何？”

“像一堆牛粪。”

苏东坡以为自己终于占了优势，无比欣喜，却被苏小妹迎头一棒：“禅师心如佛，所以看你似佛；你心如牛粪，看禅师当然像一堆牛粪！”

每个人心中，都有或多或少的无形绳索，贪情着爱、追名逐利、心系过去、贪执未来、比大小、争高低，看别人是过失、是低劣，看自己却理所当然。如果这一条条无形的绳索不能觉察、不能舍去，我们就无法活得潇洒自在！

一期一会

遵守约会的时间抵达，让对方感到被重视，是一个人最好的信用。

现代生活忙碌紧凑，和朋友约会、和事业相关的人商谈，约在某个时间、某个地点见面，都会发生不守时的情况。有时一等再等，对方仍然没来；有时相约同乘一班车，同搭一班飞机，对方也没有赶到。奇怪的是，迟到的人总不认为自己有错，总有很多理由：例如出门前电话来了，半路遇到下雨了，客人谈话太久了，不然就是怪罪于交通，路上遇到堵车、塞车。搬出鸡毛蒜皮的事充当借口，就是不肯承认自己的错。

“等人”是艺术，如何在等待的时间里不着急、不生气，安然自在地等候，是需要涵养的艺术。但是让人等待是很残忍的，遵守约会的时间抵达，让对方感到被重视，是一个人最好的信用。

回想我自己一生，大部分都是我等人，譬如三点的约会，两点钟我就开始做准备，我一定把误差的时间计算在行程中，为什么？因为我的信用比时间还宝贵，不能借口忙，时间不够，让对方久等。一天二十四小时，每个人都是一样，十分公平，不要为自己的迟到编说理由，准时赴约，这是约会者共同要遵守的信诺。

现代社会中，还有许多的礼节和规范，比如说参加开会或活动，五分钟前一定要坐好座位，不要临到开会时，四处走动，扰乱会场的安静。

人生既然是一场又一场的约会，如果每一次约会，都能抱持禅门中“一期一会”的稀有心情，这一会是唯一尊贵，是稍纵即逝，犹如夜半的昙花一现，那么，每一场遇合都能心向往之，像赶着三月花季，欢欣踊跃，不敢错过。

多看多听少说

避开无谓中伤，先要克制自己，不听是非，不说是非，不传是非。

人的脸孔上，两只眼睛、两个耳朵、两个鼻孔，却只有一张嘴巴，这奇妙的组合，蕴含着很深的意义。

为什么有两只眼睛？让我们凡事不要看偏看邪了，两只眼睛的焦点要居中，才不会模糊事情的真相。两个耳朵，要我们不要只听一面之词，多察纳雅言，不要只喜欢听巧言蜜语，蔽塞了真心肺腑的善言。为什么有两个鼻孔？所谓“佛仗一炷香，人争一口气”，人靠着呼吸，使气血顺畅，身体健康。

眼睛、耳朵、鼻孔，都有两个，为什么嘴巴只有一个？其实，大自然赋予人类的东西，都是生活的箴铭，要我们多增广见闻，多酝酿思考，一呼一吸，保持身心的平衡。只有一张嘴，少吃少病，少说少恼，所谓“病从口入，祸从口出”，这张口为人间制造了不少的是非烦恼。

两只眼睛，两个耳朵，两个鼻孔，一张嘴巴，像无言的老师向我们朗读为人处世的道理。多看多听少说，守口如瓶，不是老掉牙的说教，能守住秘密的人，像酿造的酱菜，瓶口愈紧密封闭，日久愈是香浓四溢。

“我告诉你一件事，你可千万要保密！”往往这件事，张三告诉李四，李四又告诉好友王五，最后如滚雪球般，弥漫整个办公室、街坊邻居，终至无人不晓、无人不谈。喜欢探人隐私，当成茶余饭后的话题，说者可能是无心议论，听者却是刻骨铭心的伤痛。

每个人都讨厌是非耳语的中伤。想避开无谓中伤，先要克制自己，不听是非，不说是非，不传是非，那么是非自然断绝传播的媒介，人人便可享有耳根清净的宁静生活。

有时，人的嘴巴又贪又馋，不仅喜欢沾惹是非，吹皱一池春水，更爱贪图各种欲乐享受，就像吸食毒品，为了几分钟迷醉的幻境，往往赔上健康的身体、美满的家庭、名节声誉、工作事业，最后让毒品吃掉我们拥有的一切。

一张嘴巴，如果不节制管理，一生危害自己，伤害别人。嘴巴，可以是吐放剧毒的蝎子，令人生畏远避，也可以像柔软香洁的花苑，散发清和喜悦，为人间邀来翩翩的彩蝶。留一张口，说赞美的言辞，赞美天地，赞美所有的人……赞美，像雨后的彩虹，暗夜的萤火，虽然是惊鸿一瞥，却是久久地激荡回味！

为我们的嘴巴，种几棵芬芳的树吧！让它行列井然，终日歌咏呗乐，宛如曼妙的欢喜国。

香汤和热粥

向往无灾无难的太平岁月，追求圆满生命的富丽，是全世界每个人的愿望。

西风东渐的影响，中国人过西洋情人节、圣诞节，庆祝的气氛不亚于西方社会，慢慢地中国人淡忘了属于自己传统的节庆。在二十世纪三十年代，中国农业形态的生活，有两个具有深远意义的节日，一是农历四月初八佛诞节，二是十二月初八僧宝节即佛成道日。

佛诞节又称浴佛节。浴佛的仪式很早就在中国流传了，在《吴书》卷四《刘繇传》附记笮融事迹说："每浴佛，多设酒饭，布席于路，经数十里，民人来观及就食且万人，费以巨亿计。"当时庆祝的盛况，由此可见一斑。人们以灌沐如来尊像，荡洗自己内心的恶浊。寺院设有浴佛斋会，煎香药糖水，称作"浴佛水"，给往来香客结缘。家家户户乞得"浴佛水"予大小饮用，感受一份吉祥的喜悦。

有人说，这是个没有偶像的年代。其实，失去偶像，就失去向上的力量，没有圣贤的导航，反而使我们的社会人心混乱无章。浴佛，从洗浴外在的金、银、铜、石之像，反观我们原有的清净本性，鼓舞我们的信心，面对红尘的染缸，能洁身珍惜，不受惑动，做一个清净的自在人。

僧宝节就是佛成道日，寺院炖熬腊八粥与十方信众结缘。佛陀证悟的法，是缘起法；证悟的道，是八正道。八正道是由凡入圣的正确道路。一、正当的知见；二、正当的思维；三、正当的语言；四、正当的行为；五、正当的职业；六、正当的精进；七、正当的想念；八、正当的禅定。由纪念佛成道日，一碗腊八粥（有花生、黄豆、木耳、金针菇、莲子、枣子、红豆、豆腐），让我们体悟到要成就一件事，要学习佛陀不畏艰难的苦心，也激励我们精进不懈，经营一个真善美的人生。

一瓶浴佛香汤，一碗腊八热粥，这两个美好的节日，不单是佛教徒的专利，向往无灾无难的太平岁月，追求圆满生命的富丽，是全世界每个人的愿望。

节庆固然是欢欣热闹的，如果用鲜花和大餐来庆祝，欢乐只是一朝一夕，而浴佛节和僧宝节却蕴含隽永的生命哲理，尤其在现今淡薄疏离的社会，应该得到重视。

农历四月初八，走过寺庙，不妨停下紧凑的步伐，花三五分钟，安安静静地浴佛，从中寻回自己清净庄严的本来面目。十二月初八，热热的一碗腊八粥，或许你也能和佛陀共享美丽的今夜星辰。

香汤和热粥，宛如一面明镜，为我们洗净八千尘劳，永除累劫饥渴。

端茶的音乐

何不从柴米油盐酱醋茶里，安住我们纷杂的乱心？

现在的年轻人，所受的教育都具有中上的水准，知识学问丰富，但是一提到家务、家事，往往退避三舍。扫个地，连拿扫把也不懂其中的巧妙；端个茶，茶色的浓淡温冷也不知，甚至送茶的礼仪也不如法。每当客人来的时候，我的年轻的徒弟总替我端茶待客，不仅茶碗的盖子没有盖紧，走路也不懂得快慢适中，远远地就听到茶盘和茶杯、茶杯和茶盖相碰的声音。通常我都会轻轻地对他说："你端茶的音乐很好听。"

徒弟们一下子会意不过来，个个面面相觑。事实上，欠缺调和柔顺的声音就是一种"不当音乐"，就如美妙的语言，如果说得不适当，也是不当的音乐。没有契合天时、地利、人和，依着机缘行事，就像端茶的音乐，使别人不愿意接受我们，肯定我们。

其他如钱财来得不清不白，爱情爱得不合法、不适切等等，都像一曲难听的演奏，得不到群众的掌声。佛门中的人才龙象，都是从人间的煮茶端茶、烧饭炒菜中见到法谛，悟到本性，所谓“珍珠玛瑙下厨房”。不肯调御人间万事、处处用心，如何照见森罗万象的大千法界呢？

安定悠闲的心境，人人艳羡，何不从柴米油盐酱醋茶里，安住我们纷杂的乱心？

漂白命运

想要漂白我们的命运，拥有光明的前程，就必须先漂白我们的心。

一九九三年，我到南非南华寺主持剃度大典，由于当地百分之七十是黑人，因此有不少黑人皈依佛教，其中有十个黑人发心要剃度出家。

典礼结束后，我召集他们谈话，对他们说："黑色是世界上最美丽的颜色。"希望借此鼓励他们不要因为肤色的缘故自我轻视。其中一位黑人徒弟说："师父，我们身上黑色的皮肤一辈子也改变不了，所以我们学佛出家，希望我们的心变得纯白无染，漂白我们原本黑暗的命运。"

白人中有黑心人，黑人中当然有白心人，心的黑与白，不是因为肤色的深浅，更不应该以肤色去决定人的智愚贵贱。

脏衣服穿在身上，谁都不喜欢，住在脏的房子里，任谁也感到不舒服；一颗脏的心藏在我们体内，产生贪欲的臭水，嗔恨的热焰，愚痴的风浪，嫉妒的寒霜，更使别人厌恶疏离。

黑暗的心，带来黑暗的命运，想要漂白我们的命运，拥有光明的前程，就必须先漂白我们的心。把污黑脏臭的心用法水洗净，贪吝用喜舍，愤怒用慈悲，痴心用智慧，嫉妒用随喜，傲慢用谦卑……洗净黑色的心，令刀光剑影止息。混沌的天空，再现四射的霞光。

占卜问卦，解不开生命中的忧患曲折；禳灾祈福，赶不走内心的魑魅魍魉，幽暗的命运，看不到黎明的脚步。唯一可以漂白我们命运的，不是巫师，不是符咒，而是我们自己。漂白命运，只有从心开始。

在日本买手表

快乐的人生，莫过于做好自己的本分事。

在日本弘法之余，我与随行的徒众也会抽空上街购物，一方面想借此了解日本的风土人情，一方面也是想购买一些礼物带回去给徒众，作为纪念。曾经在一家礼品店，我打算购买一块精美的手表，一位年老的店员告诉我定价是日币五万元，我说："记得贵国好像有什么规定，说外国的观光客可以打折。"

店员立刻说："是啊！我差点儿忘了，打折以后是四万六千元，请问您有带护照吗？我们必须登记才行。"

"对不起，来去匆匆，护照放在旅馆里，没有带出来。"心想，以后的行程紧凑，不可能再花一个钟点的时间坐车来这里，于是又和他说："算了，五万就五万吧！我买了。"

没想到他执意不肯："不行，政府的确有这项规定，我们必须恪守。这样吧！请您留下大名及旅馆地址，敝店一定在您离开前送到。”

即将返台的前一天晚上，年老的店员果真专程送上那块手表。我出示护照给他看，付过钱后，向他道谢。看一脸的汗水，心想让他多跑一趟，委实感到过意不去，所以一再请他进来喝杯茶再走。年老的店员笑了笑，深深一鞠躬后，从西装里拿出一本《心经》，指着“以无所得故，菩提萨埵”的句子，说道：“无一物中，无尽藏。我以无所得之心送表来这里，已经得到了许多。活了大半辈子，我深深感到：快乐的人生，莫过于做好自己的本分事。”

日本人很懂生意经，不但卖物品给顾客，更买顾客的心，他们能让顾客心中生起好感，建立起对他们的信誉。经商营业不是产品卖出去就圆满无缺了，更应该讲究“售后服务”“高品质”“公平原则”，以及中国传统的“童叟无欺”的善美文化。

如果任何一个社会阶层、任何一个行业、任何一颗心都存有“童叟无欺”的服务精神与商业道德，那么平和良善的社会，和气繁荣的商业往来，安定祥和的国家，是可以预见的！

永不退票

一言既出，就是金石之盟，任艰难重重也不肯失信于人。

一九九五年，天下文化出版我的传记《传灯》一书，不久即举行百万征文活动，请读者写下读后心得。征文里有一位大陆作家寄来的一篇征文，题目是《永不退票》，他的题目很有新意，也颇具趣味。

看到这句“永不退票”，我感到自豪，这一生不敢说百分之百“不退票”，但凭尽心尽力，以“永不退票”作为我待人处世的箴铭。一言既出，就是金石之盟，任艰难重重也不肯失信于人；全始全终地去做一件事，明知道自己吃亏上当，既已承诺于人，宁可抛头颅洒热血也在所不惜。

一场演讲，即使花费二十多小时漫长的航程，也不退票，不更改日期。一个约会，不论千山万水，辛苦跋涉，即使再忙再累也不轻易退票，不增添别人的麻烦。不退票的性格，使我善缘良多，行事减少阻力；不退票的观念，使我心无愧怍，日夜寝食酣然。

过去有一个信徒，他对我说：“大师，叫我守信用很难，我是开布店的，客人来买布，他问我，褪不褪色？我当然要说不褪色，如果我告诉他真实的情况，这布是会褪色，没有人要买我的布呀！”我告诉他说：“你向客人坦白说，三块钱一尺的布，是会褪色的，如果要不褪色的布，就要买八块钱一尺。你守信不妄语，客人自行斟酌情况，反而减少纠纷。”

每个人都不欢喜“受骗”，希望彼此诚实以对，像开布店的信徒，接受我“诚信”的观念，从此不再有顾客上门退还布料的困扰，反而布店扩大营业，生意络绎不绝。贪图一时的方便和利益，失去人心，也失去信用。一个被“退票”的人，即使赚了全世界，却赔上大众的信任，这样的成功，得不到真心的祝福。

永不退票，赚到大众的信心，赚到人格的高尚，赚到逢源不竭的好因好缘。

我来了

一句“我来了！”是成就一桩美丽因缘的不悔誓言，希望每个人，都能成为别人幸福快乐的因缘。

四十年前，我初到宜兰雷音寺，创建念佛会，接引信徒，弘扬佛法。有一个印刷厂的小老板，名为吴天赐，他只要有时间，就到雷音寺做义工，帮我扫地煮水，整理庭院，端茶拿饭等服务。他持续做了一段时间，我观察他虽然个性木讷，但温厚柔和，细心又耐烦，很得大众的欢迎。

过了几年，我在三重设立了一个佛教文化服务处，流通佛学丛书、法器文物等等，天天要包装寄书，寄发给全省的读者。有时候，实在忙不过来，有人就向我提起：“那位常到雷音寺做义工的吴天赐，年轻有力，又欢喜做事，他有心要出家，你怎么不度他呢？”我心想，我自己还没有寺院安身，怎么好误人前途？但是，如果要找义工，他实在是最佳人选。于是我打电话告诉他：“我现在需要人手帮忙，你可愿意吗？”他一接到我的电话，便表示马上赶来。四个小时以后，他出现在我的佛教文化服务处的门口，喊一声：“师父，我来了！”

他后来跟随我出家，到高雄大树乡开山。住在毒蛇出没、满山棘竹遍布的工地，心无畏惧，他就是佛光山第二任住持——心平和尚。他一生都是对我说“OK”，面对困难没有拒绝推诿，没有半句辛苦怨言，领众时没有人我是非，他心平如地，谦卑含容，一派高山流水的闲适风光。

三十几年来，在我主持的“佛经讲座”，他为信众引吭“钟声偈”，声如海潮万波，摄人心神。他为全世界僧信二众广立寺庙道场，令他们增长信念，萌发菩提道苗。他用梵呗歌咏与千万人结缘，用双手为一切有情，建筑信仰的殿堂。一九九五年他因病去世，但是却永远活在佛光山全山大众的心中，那一个淳良敦厚，和平谦让的大师兄，而那一声：“师父，我来了！”至今仍旧回荡在我的耳边，我知道他并没有离去，因为我在其他徒众身上，看到他的精神，一样的忠心、勤劳、慈悲、礼让……

一句“我来了！”缔造了佛光山的现代僧团，引渡了多少有情有缘的众生。“我来了！”是成就一桩美丽因缘的不悔誓言，希望每个人，都能成为别人幸福快乐的因缘。